CB075812

MARY PACKARD

O TARÔ DOURADO

Visconti Sforza

Tradução
Denise de Carvalho Rocha

Editora Pensamento
SÃO PAULO

Título do original: *The Golden Tarot*.
Copyright © 2013 Quarto Publishing Group USA Inc.
Copyright © 2013 The Book Shop, Ltd.
Esta edição de 2013 foi publicada pela Race Point Publishing mediante acordo com The Book Shop, Ltd.
Copyright da edição brasileira © 2024 Editora Pensamento-Cultrix Ltda.
1ª edição 2024.

Todos os direitos reservados. Nenhuma parte deste livro pode ser reproduzida ou usada de qualquer forma ou por qualquer meio, eletrônico ou mecânico, inclusive fotocópias, gravações ou sistema de armazenamento em banco de dados, sem permissão por escrito, exceto nos casos de trechos curtos citados em resenhas críticas ou artigos de revista.

Todos os esforços foram feitos para rastrear os detentores dos direitos autorais do material citado neste livro. Se o pedido for feito por escrito à editora original, quaisquer omissões serão incluídas em edições futuras.

A Editora Pensamento não se responsabiliza por eventuais mudanças ocorridas nos endereços convencionais ou eletrônicos citados neste livro.

Impresso e montado na China.

Editor: Adilson Silva Ramachandra
Gerente editorial: Roseli de S. Ferraz
Gerente de produção editorial: Indiara Faria Kayo
Editoração eletrônica: Join Bureau
Revisão: Adriane Gozzo

MISTO
Papel | Apoiando uma gestão florestal responsável
FSC® C017606

Dados Internacionais de Catalogação na Publicação (CIP)
(Câmara Brasileira do Livro, SP, Brasil)

Packard, Mary
 O Tarô dourado Visconti-Sforza / Mary Packard; tradução Denise de Carvalho Rocha. – São Paulo: Editora Pensamento, 2023.

 Título original: The golden tarot.
 ISBN 978-85-315-2319-9

 1. Esoterismo – Tarô 2. Tarô – Cartas 3. Tarô – História I. Título.

23-165744
CDD-133.3

Índices para catálogo sistemático:
1. Tarô: Esoterismo 133.3
Eliane de Freitas Leite – Bibliotecária – CRB 8/8415

Direitos de tradução para o Brasil adquiridos com exclusividade pela
EDITORA PENSAMENTO-CULTRIX LTDA., que se reserva a
propriedade literária desta tradução.
Rua Dr. Mário Vicente, 368 – 04270-000 – São Paulo – SP – Fone: (11) 2066-9000
http://www.editorapensamento.com.br
E-mail: atendimento@editorapensamento.com.br
Foi feito o depósito legal.

SUMÁRIO

Prefácio 4

Capítulo 1: História 6

Capítulo 2: O Tarô Divino................................... 20

Capítulo 3: O Caminho para a Sabedoria.................. 28

Capítulo 4: Os Trunfos.. 44

Capítulo 5: Os Quatro Naipes................................ 92

Capítulo 6: A Jornada do Tarô............................... 126

Agradecimentos, Leituras Complementares
e Créditos das Imagens... 144

PREFÁCIO

Desde o século XIV existem baralhos para jogos de cartas na Europa. O baralho mais antigo era composto por quatro naipes e tinha estrutura semelhante a um baralho moderno, com dez cartas numeradas e três cartas da corte em cada naipe, sendo os naipes chamados de Ouros, Copas, Espadas e Paus. Na Itália, durante o Renascimento, entre 1410 e 1442, foram adicionados a esse baralho quatro rainhas e um quinto naipe, composto por um desfile de figuras místicas enigmáticas, e foi assim que nasceu o Tarô.

A partir do final do século XVIII, os ocultistas passaram a considerar o Tarô parte indispensável do seu arsenal de magia. Para dar a ele o que consideravam uma linhagem antiga adequada, inventaram diversas histórias e associações falsas para o baralho. Atribuíram-lhe origem no Antigo Egito e diziam que o Tarô era uma criação de antigos cabalistas ou de sacerdotes egípcios, sob a orientação do sábio mítico Hermes Trismegisto. Nem todas as teorias dos ocultistas estavam erradas, mas essas afirmações são falsas. No pior dos casos, as associações dos ocultistas se tornaram uma barreira confusa que impede que se aprecie a herança mística preservada no baralho.

O mais próximo que podemos chegar de uma apreciação da tradição autêntica do Tarô é contemplar os primeiros baralhos. Todos os exemplos mais antigos são suntuosas obras de arte em miniatura, compostas de tinta e folhas de ouro em papel grosso, e desenhadas por artistas para patronos nobres. Em todos esses baralhos faltam cartas. Quinze dos baralhos existentes foram criados para a família Visconti, os governantes de Milão. Um desses baralhos, o Visconti-Sforza, tem a fama de ser o mais completo de todos esses primeiros baralhos. Nele, podemos ver pela primeira vez um baralho com um Louco e 19 dos 21 trunfos considerados hoje padrão (só as cartas do Diabo e da Torre estão ausentes). Na verdade, em 1499, quando Milão foi conquistada por Luís XII da França, o Tarô de Milão tornou-se modelo para o baralho francês, conhecido como Tarô de Marselha, posteriormente descoberto pelos ocultistas e que passou a ser considerado o padrão mundial.

Em *O Tarô Dourado Visconti-Sforza*, Mary Packard faz um excelente trabalho ao reapresentar o baralho Visconti-Sforza a um público moderno. Ela conta detalhes de sua história e de seu simbolismo e mostra sua beleza e utilidade como método de adivinhação. Mais uma vez, podemos ver que o Tarô expressa uma filosofia mística atemporal, uma herança que não podemos nos dar ao luxo de perder.

Robert M. Place

CAPÍTULO 1
HISTÓRIA

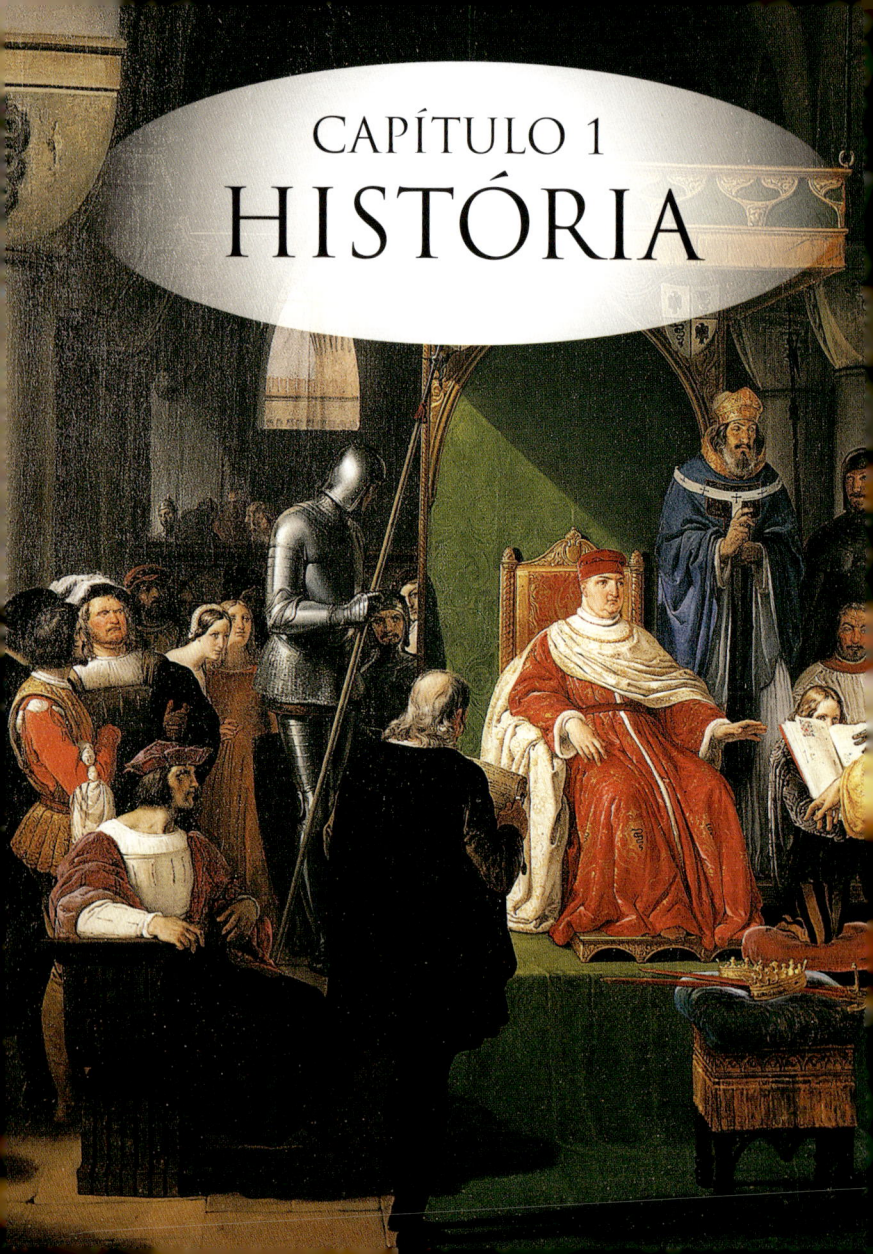

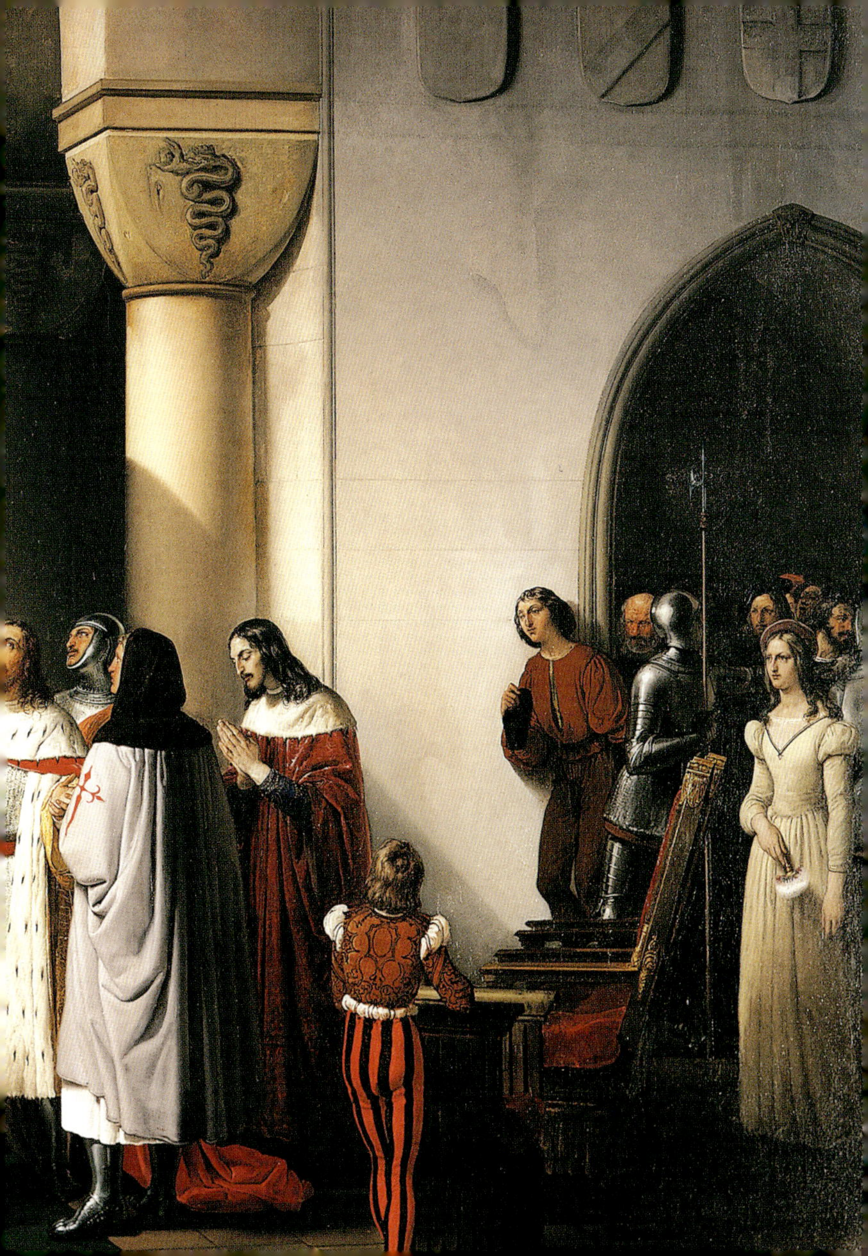

De que maneira um nobre rico e poderoso que morava em Milão em meados do século XV comemoraria um nascimento, um casamento ou um aniversário? Um retrato seria uma escolha excelente, não fosse algo tão antiquado. Um evento de gala seria muito divertido, mas terminaria muito depressa. Não, teria que ser algo único e duradouro, tarefa possível apenas para aqueles que tinham contatos sociais ilustres e fortuna substancial. A nova tendência de encomendar um baralho de cartas se encaixaria perfeitamente. Pintadas por artistas talentosos, as cartas eram uma maneira original de um aristocrata marcar uma ocasião importante e exibir sua posição elevada.

As cartas pintadas, muitas vezes, apresentavam membros da família que encomendava o baralho vestidos com suas melhores roupas e posando em cenários elaborados. Essas cartas oferecíam às gerações futuras um vislumbre fascinante, ainda que idealizado, da vida da nobreza que florescia naquela época e naquele lugar. Um dos baralhos de cartas mais antigos e completos que sobreviveram foi encomendado pela família que reinava em Milão, os Visconti-Sforza.

Página anterior: *nesta pintura do século XIX, de Francesco Hayez, Filippo Maria Visconti, Duque de Milão, é retratado devolvendo a coroa aos reis de Aragão e Navarra.*

LAÇOS DE FAMÍLIA

Diziam que o Duque Filippo Maria Visconti era o homem mais rico da Itália, mas até para ele a vida não era isenta de problemas. Pois a Itália do século XV era composta de muitas cidades-Estado em guerra, e a paz era algo muito distante. O duque, assim como outros nobres proprietários de terras, vivia em constante estado de alerta diante da possibilidade de um exército de invasores que saqueasse e ameaçasse suas propriedades.

E havia também a questão da infertilidade de Visconti. Embora ele tenha se casado várias vezes, não conseguiu gerar herdeiros, mais especificamente um filho, para herdar seu título. Quando, por fim, foi presenteado com uma filha, em 1425, ficou radiante. O fato de ela ser menina e filha ilegítima não diminuiu sua alegria. Ele deu a ela o nome de Bianca Maria. Visconti adorava a única filha e proporcionou a ela uma educação excelente, que incluía o estudo dos clássicos latinos, música, arte, ciência e matemática. Tanto o pai quanto a filha tinham a mesma paixão pela caça e pelos cavalos.

SOLDADOS DA FORTUNA

Os interesses da família Sforza eram outros. Muzio Attendolo, fundador da dinastia Sforza, descendia de uma próspera família de agricultores. Mas a vida rural não era para ele, que saiu de casa jovem para treinar com os *condottiere*, soldados contratados para defender um ducado ou reino contra invasores. As formidáveis habilidades militares de Attendolo lhe renderam o nome de *Sforza*, que significa "forte" em italiano. O apelido pegou, e não demorou muito para que Attendolo formasse seu próprio exército de mercenários. Seu filho, Francesco, assumiu o controle após a morte de Muzio, por afogamento, em 1424. Sob o comando de Francesco, o exército se tornou o mais poderoso da Itália.

Quando Filippo Visconti se viu sob ataque, convocou Francesco Sforza para liderar um exército contra os invasores venezianos. Era costume na época expandir e solidificar o poder da nobreza através do casamento. E foi assim que Visconti prometeu a mão de Bianca Maria a Sforza como recompensa por seu sucesso militar. O casamento ocorreu em 25 de outubro de 1441.

Página ao lado: *o casamento de Francesco Sforza e Bianca Maria Visconti.*

FRANCISCUS

VICECOMES

SFORTIA

DVX

CARTAS DE ANIVERSÁRIO

Por causa das complicações da sucessão, o ducado de Milão não passou automaticamente para Francesco Sforza quando Visconti morreu. Sforza se viu obrigado a conquistar o título do sogro numa batalha. As forças inimigas não foram páreo para ele, e Milão se rendeu a Sforza em 1450.

O casamento Visconti-Sforza provou ser bem-sucedido, resultando em muitos herdeiros. Bianca Maria se envolvia em todos os assuntos de Estado, tornando-se ativa como patrona de hospitais, igrejas e das artes. Em 1448, sua popularidade atingiu proporções lendárias, quando ela vestiu uma armadura e se juntou à batalha contra outra investida de invasores venezianos. Foi esse episódio que lhe rendeu a alcunha de "Mulher Guerreira".

Por ocasião do décimo aniversário de casamento, em 1451, Francesco Sforza contratou o renomado artista Bonifacio Bembo para criar um baralho de cartas em homenagem ao casal. Vestidos com trajes típicos da primeira metade do século XV, Francesco e Bianca Maria aparecem individualmente e juntos em algumas das cartas. É comovente ver a disparidade entre a aparente refinada e frágil donzela retratada nas cartas e a lendária personagem de *Mulher Guerreira* de Bianca Maria. O contraste mostra bem o desejo de momentos mais pacíficos, livres da ameaça de exércitos saqueadores.

O ESPLENDOR ITALIANO

Uma das importantes tradições que influenciaram a criação das cartas Visconti-Sforza foi a popularidade dos triunfos. Realizados originalmente na Roma Antiga, os triunfos eram desfiles criados com o propósito de homenagear generais vitoriosos. Cada contingente de um triunfo romano era seguido por um grupo que os superava em importância. Os prisioneiros, os participantes de nível mais inferior, encabeçavam o desfile. Logo atrás deles marchavam seus captores, seguidos de seus superiores, e assim por diante, até que, no fim, surgia o general conquistador, com grande pompa e circunstância.

Ao longo dos séculos, os triunfos romanos foram perdendo o enfoque militar e substituídos por desfiles resplandecentes de pompa religiosa. Na Idade Média, não era incomum ver uma dessas procissões (uma carroça puxada por burros e carregada de artefatos religiosos, seguida pelo clero) percorrendo as estreitas ruas da Toscana. O clero, vestido com trajes luxuosos, caminhava solenemente ao som de música litúrgica, tocada por músicos também magnificamente vestidos.

Acredita-se que as figuras retratadas na carta dos Enamorados sejam Francesco Sforza e Bianca Maria Visconti.

HISTÓRIA   13

Nos primórdios do Renascimento, assim chamado por ser um período de renovado interesse por todos os temas clássicos, as elaboradas procissões religiosas se fundiram com desfiles seculares festivos e recriaram uma versão aprimorada do triunfo romano. Carros reluzentes puxados por cavalos e cheios de figuras heroicas e vilãs conhecidas eram acompanhados por cantores, dançarinos e artistas performáticos vestidos com roupas coloridas.

Semelhantes a um desfile de Carnaval da atualidade, os triunfos eram realizados em diversas ocasiões, como casamentos, funerais e feriados importantes. Os grandes artistas da época eram chamados para dirigir os desfiles e criar trajes suntuosos e cenários exuberantes para os carros alegóricos. Muitos desses elementos estilísticos estão refletidos nos trajes e cenários retratados nas cartas Visconti-Sforza.

Às vezes, os triunfos renascentistas apresentavam artistas que personificavam as virtudes de Platão. Unindo a forma hierárquica básica do triunfo a temas complexos e alegóricos, esses desfiles apresentavam uma procissão de virtudes que se superavam em importância.

Temas clássicos também foram revividos na arte e na literatura do Renascimento. Pinturas que retratavam as quatro virtudes cardeais de Platão (Prudência, Justiça, Fortaleza e Temperança) eram temas populares entre os artistas. Do mesmo modo, para escritores e poetas da época, o tema de virtudes que supevam e, por fim, triunfavam sobre o Mal era um tópico sempre popular.

Personagens da *Divina Comédia,* de Dante Alighieri, e de *Os Triunfos,* poema em seis partes de Petrarca, eram conhecidos de todos, até mesmo dos plebeus.

Em *Os Triunfos*, Petrarca descreve um jovem que retorna ao lugar onde conheceu seu primeiro amor, uma bela donzela chamada Laura. Ele adormece debaixo de uma árvore e sonha que a vida é um triunfo. Quando o homem é jovem, é conquistado pelo Amor. À medida que envelhece, a Castidade vence o Amor. A Morte triunfa sobre a Castidade, mas a Fama vence a Morte, permitindo que o nome do homem continue vivo. Por fim, no entanto, a Fama perde para o Tempo. Somente a Eternidade, na forma de vida eterna, pode vencer o Tempo.

Considerando que tanto os jogos de cartas quanto as artes surgiram da mesma tradição cultural, não surpreende que algumas das imagens e temas popularizados pelos pintores e escritores da época apareçam nas cartas do Visconti-Sforza.

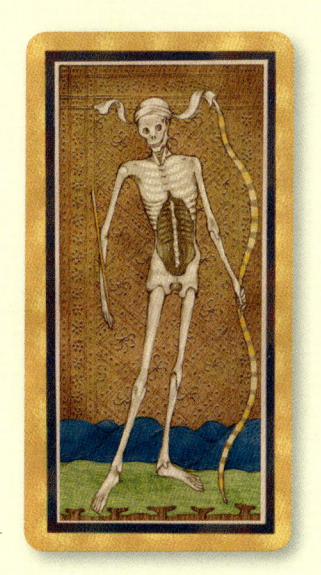

A carta da Morte do baralho Visconti--Sforza.

O JOGO

Embora seja provável que as cartas já fossem usadas para a adivinhação naquela época, as cartas Visconti-Sforza serviam para jogar o chamado *"Triunfos"*. Ancestral do *Bridge*, esse jogo recebeu o nome diretamente dos desfiles renascentistas. Em italiano, esse jogo é chamado *Trionfi*, do qual deriva a palavra inglesa *trump* [trunfos].

O baralho usado no jogo dos Triunfos era composto por 78 cartas, sendo 56 divididas igualmente em quatro naipes: Espadas, Ouros, Paus e Copas. O quinto naipe é composto por 21 cartas de figuras, mais o Louco, que serve como curinga. É o quinto naipe, os trunfos, que diferencia essas cartas recém-inventadas, chamadas Tarô, de todas as outras.

As imagens retratadas nas cartas dos trunfos Visconti-Sforza são temas renascentistas comuns, por exemplo, o Sol, a Lua e as virtudes da Fortaleza e da Temperança. As ilustrações dos trunfos de outros baralhos de Tarô variam, dependendo do artista, do tempo e do local em que as cartas foram criadas. No entanto, apesar das diferenças nas imagens, de variações sutis nos nomes dos trunfos e de uma sequência alterada aqui e ali, os baralhos de Tarô são bem semelhantes entre si.

As cartas dos trunfos Visconti-Sforza diferem das outras cartas de Tarô por não terem números. Mas, mesmo que não tenham números, elas ainda são sequenciais em valor, sendo o Mago a carta de trunfo mais baixa do baralho, e a mais alta, o Mundo.

Página oposta: *duas pessoas participam de um jogo de Tarô nesse detalhe de um afresco do século XVI, de autoria de Niccolò dell'Abate.*

ELEMENTOS DE ESTILO

A extensa experiência do artista Bonifacio Bembo na pintura de miniaturas para manuscritos iluminados fazia dele uma excelente escolha para criar a arte da maioria das cartas. Cada primorosa carta pintada à mão do baralho Visconti-Sforza é uma pequena obra-prima. As cenas são ricamente executadas em folha de ouro, e as tintas, feitas com pó de lápis-lazúli, malaquita e outros minerais preciosos. As cores predominantes são o dourado, o vermelho e o azul, e padrões intrincados decoram os fundos e grande parte das roupas.

Na composição, as cartas lembram o estilo aperfeiçoado por Leonardo da Vinci, que, de acordo com registros, foi chamado para organizar pelo menos dois triunfos romanos.

A influência de Leonardo pode ser vista na sensação de profundidade criada pela separação do chão na parte frontal inferior de várias cartas Visconti-Sforza, entre as quais a Lua (à direita), a Estrela, o Sol, a Morte e a Temperança.

O TARÔ DOURADO

OS PRIMEIROS BARALHOS DE TARÔ

O baralho Visconti-Sforza é o mais completo dos quinze baralhos de Tarô mais antigos que se conhece e ainda existem. Das 74 cartas, 26 estão conservadas na Academia de Carrara, em Bérgamo, na Itália; 13 pertencem a uma coleção particular de Bérgamo, e 35 estão na Biblioteca Pierpont Morgan, de Nova York.

O fato de o baralho Visconti-Sforza ter sobrevivido quase intacto indica que, provavelmente, não foi muito usado. Furos feitos na parte superior sugerem que as cartas talvez tenham sido penduradas em paredes, como objetos de decoração. Embora as cartas não sejam numeradas e, por isso, seja impossível saber com certeza se esse baralho incluía as quatro cartas-padrão que faltavam (o Diabo, a Torre, o Três de Espadas, à esquerda, e o Cavaleiro de Ouros), presume-se que sim, e, para completar o baralho replicado neste *kit*, essas quatro cartas foram recriadas num estilo consistente com as outras cartas.

HISTÓRIA

CAPÍTULO 2
O TARÔ DIVINO

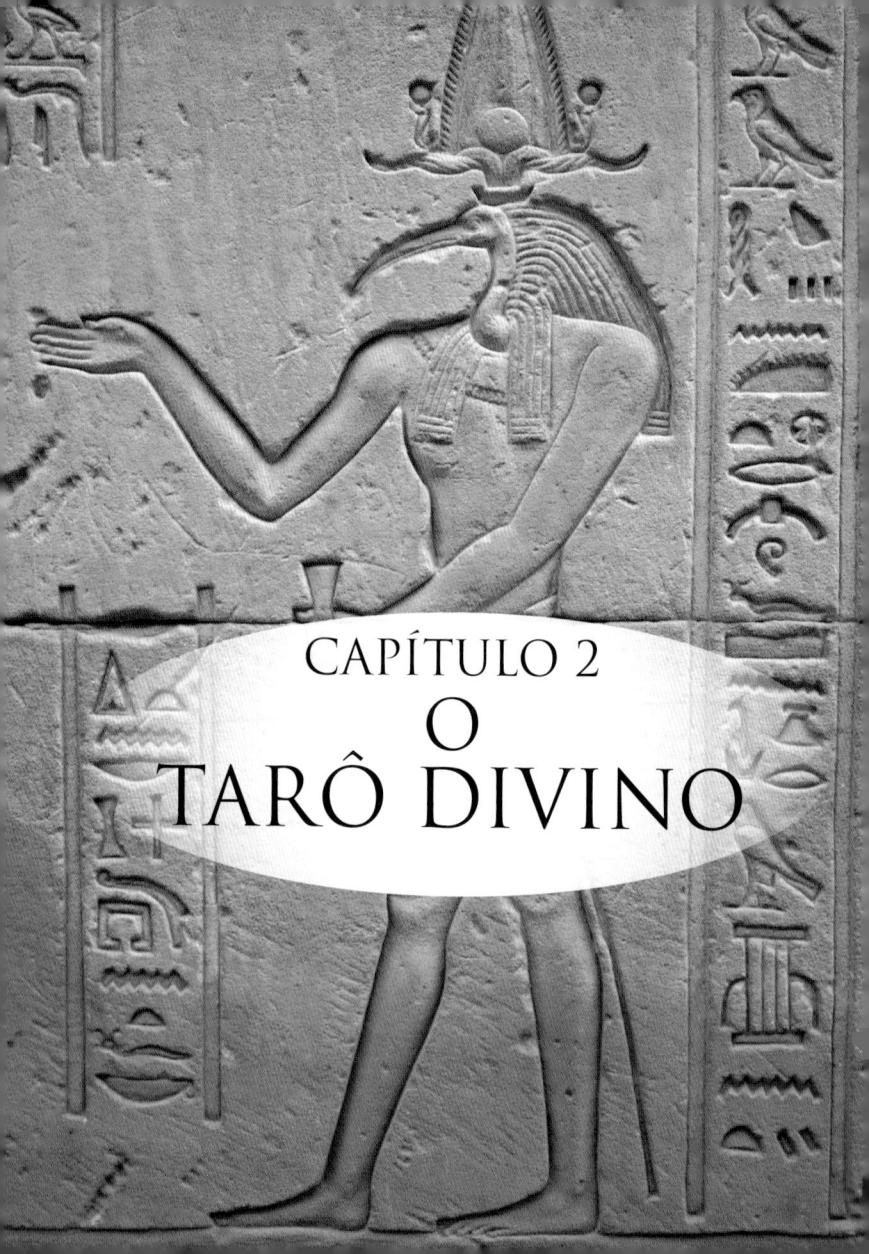

> "Se anunciassem que ainda existe nos nossos dias uma obra dos antigos egípcios, um dos livros dessa civilização que escapou das chamas que devoraram suas magníficas bibliotecas, e que continha de forma pura suas doutrinas sobre assuntos interessantes, todos, sem dúvida, estariam ansiosos para conhecer um livro tão precioso e notável."

Assim afirmou Antoine Court de Gébelin, escritor francês do século XVIII, que, ao jogar Tarô pela primeira vez, ficou tão fascinado com as imagens que viu nas cartas que formulou uma teoria para explicar sua origem. Ele acreditava que toda sabedoria do Antigo Egito tinha lhe sido revelada repentinamente por meio das cartas

---

Página oposta: *o deus egípcio Thot.*

do Tarô. Nas imagens, viu os símbolos da grande Ísis, deusa do renascimento e mãe de todas as coisas. Também discerniu mensagens de Thot, deus egípcio que descobriu as leis naturais que regem todos os aspectos da felicidade humana. Foi pelo fato de De Gébelin já ter estudado extensivamente o ocultismo que foi capaz de reconhecer esses vislumbres dos antigos segredos místicos nas cartas.

A teoria de De Gébelin não é tão absurda quanto pode parecer. O baralho que ele usava, chamado Tarô de Marselha, era um baralho padronizado popular na Europa, na época. Como todas as cartas do Tarô foram concebidas no início do século XV, quando havia um fervor renovado por coisas místicas, grande parte da imagética das cartas refletia esse interesse.

De Gébelin expandiu sua teoria no oitavo volume de sua enciclopédia, *Le Monde primitif, analysé et comparé avec le monde moderne* [O Mundo Primitivo, Analisado e Comparado com o Mundo Moderno]. Para ele, o mundo primitivo representava a era dourada da humanidade, uma civilização ideal intelectual e espiritualmente superior a qualquer civilização posterior. Os habitantes desse mundo ideal eram seguidores de Thot, conhecido por ter decifrado os segredos do universo e por registrá-los num repositório de conhecimento oculto chamado *Livro de Thot*. Segundo a lenda, o *Livro de Thot* ficava guardado em um templo onde era cuidadosamente protegido por sacerdotes egípcios, e, de acordo com De Gébelin, foram eles que destilaram os segredos do livro e os codificaram nas primeiras imagens do Tarô.

Quatro cartas de um baralho do Tarô de Marselha da Biblioteca Nacional, em Paris.

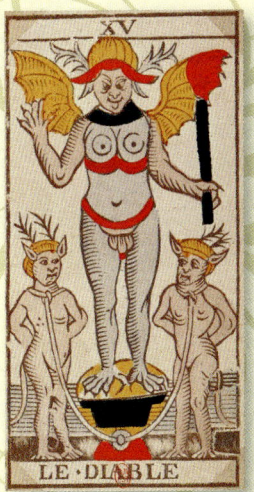

De Gébelin foi além e supôs que a palavra "Tarô" significasse o "caminho real para a sabedoria" e fosse derivada de duas palavras egípcias: *tar* ("caminho") e *rho* ("real"). Também desenvolveu teorias sobre os paralelos das cartas com a mitologia egípcia. Apontou, por exemplo, que a figura triunfante na carta do Carro era o deus Osíris, e a imagem presente na carta do Diabo era ninguém menos que o destrutivo deus egípcio Set. Por fim, De Gébelin fez conjecturas de que as cartas foram trazidas para a Europa pelos ciganos, então chamados *Gypsies* (palavra derivada de *Gyptians*), porque se acreditava que haviam emigrado do Egito.

Para De Gébelin, as cartas dos trunfos delineavam uma história da criação. Convencido de que estavam invertidas, ele reorganizou o baralho para se adequar à sua teoria, começando com a carta do Mundo, que, para ele, representava o Tempo. Seu baralho terminava com o Malabarista (também chamado de Mago), que arranja e rearranja aleatoriamente os elementos divinos, mostrando-nos que a vida não passa de um jogo ao acaso. De Gébelin traçou, ainda, paralelos entre os quatro naipes iniciais e os quatro grupos que compunham a sociedade em que ele vivia. Afirmava que o naipe de Espadas representava a nobreza; o de Copas, o sacerdócio; o de Paus, os agricultores; e o de Ouros, a classe dos comerciantes.

Após a Pedra de Roseta ter sido decifrada no início dos anos 1800, ficou evidente que não havia nada registrado na língua egípcia para respaldar as teorias de De Gébelin sobre a origem egípcia do Tarô. No entanto, o lugar de Antoine Court de Gébelin na história do Tarô está garantido. Ele foi o primeiro a relacionar o Tarô ao ocultismo e a perceber que o Tarô de Marselha poderia ser mais que mero instrumento de entretenimento, preparando o terreno para futuros estudiosos estudarem as cartas em busca de significados intuitivos.

Por volta da mesma época de De Gébelin, Jean-Baptiste Alliette estava desenvolvendo as próprias teorias sobre o Tarô. Quando jovem, trabalhou como comerciante de sementes e, mais tarde, como vendedor de gravuras antigas. No tempo livre, estudava com dedicação baralhos de Tarô, desenvolvendo e codificando sistematicamente suas teorias. Assim como De Gébelin, Alliette acreditava que o primeiro baralho de Tarô havia sido inventado no Egito, e, em 1788, fundou a própria sociedade de Tarô, que chamou de Sociedade para a Interpretação da Vida de Thot. Também estudou Astrologia e Numerologia, sendo o primeiro a encontrar maneiras de relacioná-las ao Tarô.

Embora haja evidências de que as cartas de Tarô tenham sido usadas para adivinhação durante o Renascimento, foi Alliette, também conhecido como Etteilla (seu sobrenome escrito ao contrário), quem primeiro criou um baralho de Tarô especificamente para esse propósito. Atribuem-se a Etteilla, ainda, várias outras primeiras realizações: ele escreveu o primeiro livro sobre como dispor as cartas de Tarô e sobre como fazer uma leitura; cunhou a palavra *cartomancia*, estudo das cartas de Tarô para uso na adivinhação; e se tornou o primeiro tarólogo profissional.

26 O TARÔ DOURADO

Em 1791, Etteilla criou o próprio baralho de Tarô chamado "Grand Etteilla". Nele, alterou os desenhos de muitas cartas e reorganizou sua sequência. Também fez outras inovações. Numerou as cartas de 1 a 78, sendo o Louco a última delas. E, embora tenha incluído cartas-padrão como o Mago, o Carro e a Morte incluiu, ainda, uma variedade de cartas desconhecidas, como o Céu, o Caos, a Prudência e o Peixe. Todas as cartas de Etteilla têm inscrições nas duas extremidades, que apresentam palavras-chave diferentes, dependendo da posição da carta (normal ou invertida). Em cartas específicas de seu baralho, ele incluiu os signos do zodíaco e os quatro elementos: Ar, Água, Terra e Fogo.

Outra das importantes contribuições de Etteilla para a cartomancia foi sugerir que uma carta de Tarô poderia influenciar a interpretação da leitura, conforme a relação dela com as outras ao redor e o modo como todas se combinavam para formar um todo. O entusiasmo de Etteilla pela cartomancia não conhecia limites. Na verdade, às vezes, ele chegava a usar todas as 78 cartas na maior tiragem de Tarô já concebida. Chamava essa grande configuração de "A Grande Figura do Destino".

Página ao lado: *quatro cartas de uma versão do Tarô de Etteilla do século XIX.*

CAPÍTULO 3
O CAMINHO PARA A SABEDORIA

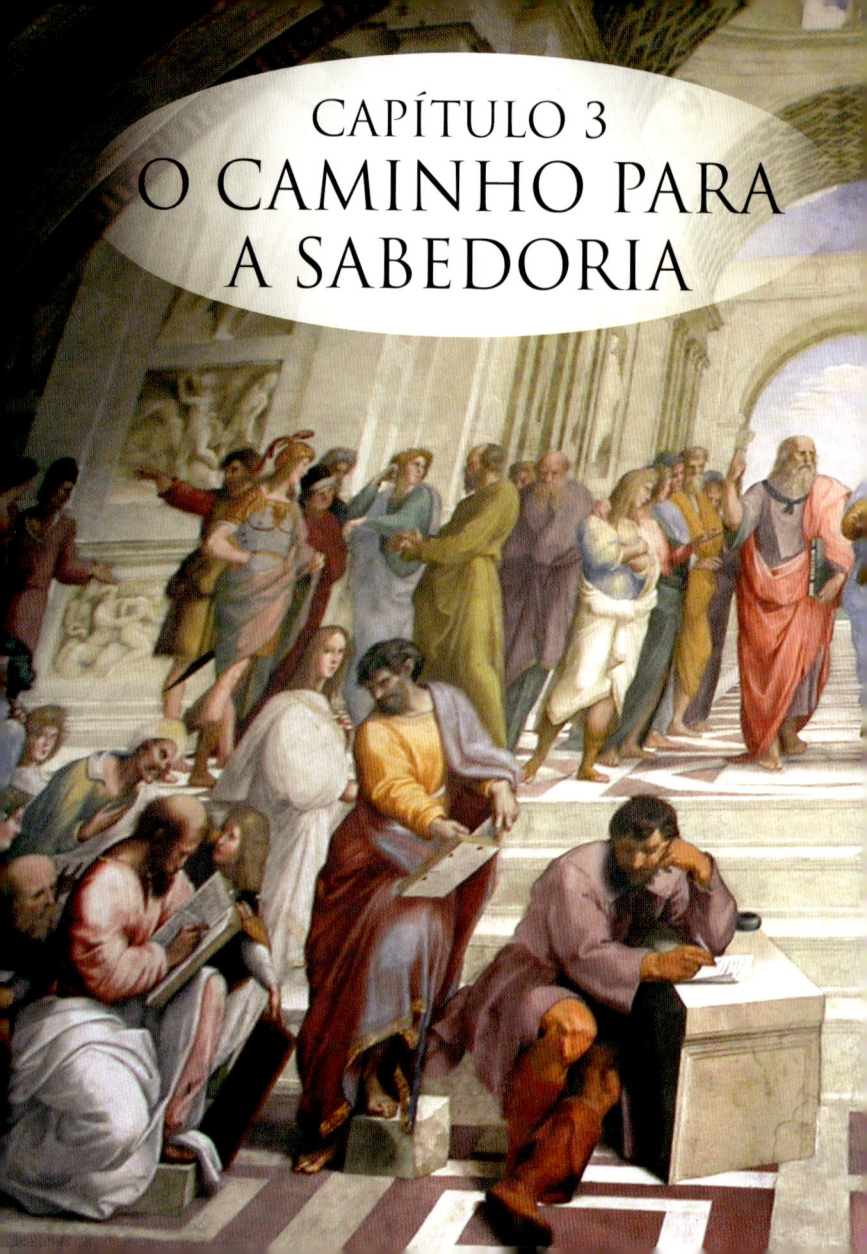

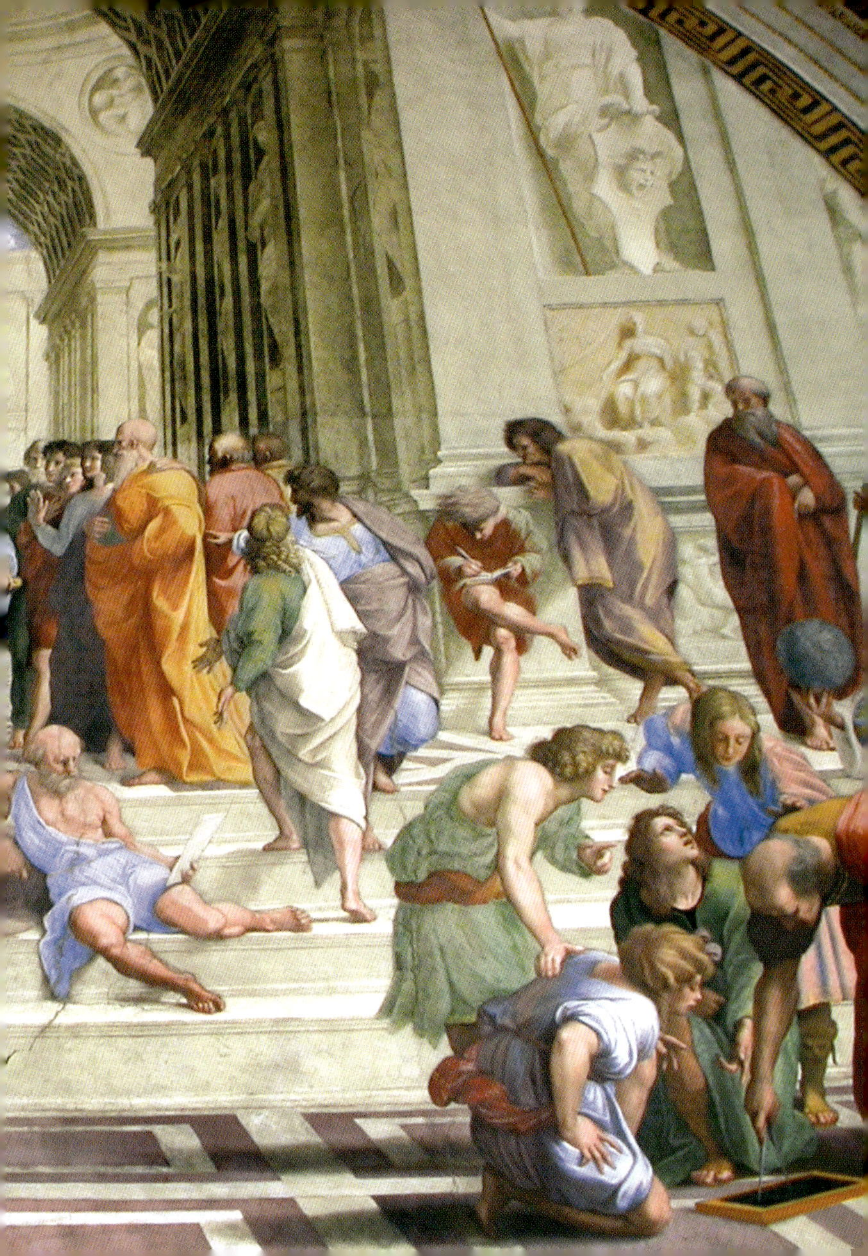

Agora sabemos que os primeiros baralhos de Tarô não foram criados no Egito, mas, sim, em Milão, no século XV, no início do Renascimento. Uma característica dessa época intelectualmente vibrante eram a destilação e a síntese de uma rica variedade de tradições culturais e espirituais num todo unificado. Na Itália, a abundância de ideias provenientes de múltiplas correntes de pensamento tornou-a centro de intensa atividade criativa.

Este capítulo apresenta um breve resumo de várias dessas correntes de pensamento, incluindo as filosofias revividas da Grécia, de Roma e do Egito Antigos. Ao identificar as representações dessas ideias nas imagens das cartas Visconti-Sforza, ficará evidente que esse baralho vai muito além de uma simples coleção de cartas para jogar. Embora o primeiro Tarô criado especificamente para a prática da adivinhação tenha surgido apenas no século XVIII, a riqueza simbólica do baralho Visconti-Sforza o torna um veículo ideal para a adivinhação e o autoconhecimento.

Páginas anteriores: *a reverência pelo pensamento clássico está primorosamente incorporada neste afresco pintado por Rafael, entre 1509 e 1511, para o Papa Júlio II.*

Embora o Tarô não tenha se originado no Egito, alguns conceitos que expressa são provenientes da civilização egípcia. Derivados de uma escola filosófica conhecida como Hermetismo, esses conceitos foram registrados pela primeira vez numa coleção de textos antigos chamada *Hermética*.

Escritos nos séculos II e III, esses textos eram uma mistura de mitologia, filosofia, astrologia e artes mágicas, e, apesar de terem sido escritos por diferentes autores, acreditava-se que tivessem emanado diretamente do mítico Thot. Um século depois, após a conquista do Egito por Alexandre, o Grande, em 334 a.C., os gregos incorporaram Thot ao seu panteão de deuses, dando-lhe o nome de Hermes Trismegisto, o que explica por que a filosofia mística associada a um deus egípcio recebe o nome de um deus grego. Nos textos egípcios, o nome Thot era geralmente seguido do epípeto "grande, grande, grande". Para mostrar que Hermes era Thot, os gregos acrescentaram ao seu novo nome *Trismegisto*, que significa "três vezes grande".

O Hermetismo buscava responder ao dilema humano mais fundamental: como superar a morte e alcançar a imortalidade. Com base na ideia de que todos temos uma alma imortal aprisionada num corpo mortal, os seguidores do Hermetismo acreditavam ser possível se tornar imortal e se unir ao Criador no reino celestial acima dos planetas. Embora árduo, o plano oferecido por *Hermética* para alcançar a imortalidade incluía meditação e rituais combinados com várias outras práticas espirituais e mágicas.

> "Olha, escuta e entende. Tu vês as sete esferas de toda vida. Através delas é realizada a queda e a ascensão das almas."
>
> – A Visão, O Segundo Livro de *Hermética*

A VISÃO

Durante o Renascimento, elementos contidos em *Hermética* encontrariam uma nova expressão na arte das cartas Visconti-Sforza e, posteriormente, no Tarô de Marselha. Uma análise da mitologia associada ao pensamento hermético ajudará a identificar esses elementos.

No primeiro livro de *Hermética*, descobrimos que Hermes recebeu uma revelação divina através da qual aprendeu tudo o que há para saber. Ele descobriu, por exemplo, que o Criador havia irradiado luz celestial nos quatro elementos (Terra, Ar, Fogo e Água) para moldar a Terra e os sete planetas. Para os astrônomos antigos, o Sol e a Lua eram considerados planetas, juntamente com Mercúrio, Vênus, Marte, Júpiter e Saturno. Todos os sete, assim como as estrelas, circulavam em torno da Terra, que seria estacionária.

O Criador também revelou a Hermes como o primeiro ser humano veio à existência. Ele foi informado de que Deus criou o primeiro ser humano à própria imagem; e, como era reflexo de Deus, essa entidade recém-criada tinha gênero duplo e beleza deslumbrante. O Criador permitiu que esse primeiro ser descesse ao reino dos planetas, onde todos os sete ficaram atordoados com o esplendor da entidade. A Terra também se apaixonou e presenteou o ser bissexual com um corpo, enquanto os sete planetas, na esperança de manterem o primeiro ser humano só para si, concederam a ele sete presentes menos atraentes: os vícios da gula, da astúcia, da luxúria, da arrogância, da audácia, da ganância e da falsidade.

Acima: *O Senhor Criando o Sol e a Lua*, obra da autoria de Federico Zuccaro, 1566-1569.

O TARÔ MÍSTICO

O desejo dos planetas de manter a entidade para si não se concretizou. O Criador dividiu esse primeiro ser em duas metades, formando um homem e uma mulher, cuja missão era povoar a Terra. No entanto, a felicidade perfeita estaria para sempre fora de seu alcance, pois o Destino havia condenado a humanidade a sofrer a dor da morte. Cada corpo mortal, porém, continha uma alma eterna. Após a morte, a fim de alcançar a unidade com o divino Criador, a alma teria que subir a escada dos planetas, abandonando seus vícios ao longo do caminho. Essa jornada de purificação continuaria até que a alma, por fim, alcançasse o reino celestial.

É essa jornada (o processo de reunificação com o Divino) que é reproduzida simbolicamente nas imagens dos trunfos. Os sete corpos celestes, incluindo os cinco planetas, o Sol e a Lua, são a base para associações místicas com o número 7 e refletidos na disposição dos 21 trunfos hierárquicos, divididos em

> "Então, estando despida de todas as acumulações dos sete Anéis, a alma chega à Oitava Esfera."
>
> – Hermes Trismegisto

três grupos de sete. Os primeiros sete, do Mago ao Carro, representam figuras mundanas. O segundo grupo, da Justiça à Temperança, retrata o crescimento espiritual através do sofrimento e da aceitação das Virtudes. O terceiro grupo, do Diabo ao Mundo, traça a jornada da alma em direção ao reino celestial, ou à iluminação.

O Cosmos Hermético.

> "Você já sentiu que nossa alma é
> imortal e nunca morre?"
>
> – Platão, *A República*

O CAMINHO PARA A ILUMINAÇÃO

Para Platão, filósofo grego que viveu no século III a.C., a impermanência do corpo com a capacidade do ser humano de pensar de maneira abstrata indicava que havia algo além do mundo material, algo que transcendia a mera carne. Esse algo indescritível era a alma. Se tantas das qualidades que compõem a alma não podem ser vistas, raciocinava Platão, então elas devem fazer parte de algo maior, uma espécie de unidade espiritual que ele chamou de "O Uno". E, após a morte, ele pensava, era tarefa de cada alma reunir-se ao Uno. Em sua obra-prima, *A República*, Platão cria uma alegoria na qual a humanidade é condenada a uma vida de escuridão numa caverna profunda embaixo da terra. Nesse mundo, a vida é apenas uma ilusão. O herói de Platão, amante da verdade, anseia pela luz do sol e não desiste até que, atraído pela luz, tenha subido até a boca da caverna e encontrado a iluminação final.

A filosofia de Platão sobre a alma foi modificada no século III d.C. para incluir o conceito de Deus. Essa versão atualizada, chamada de Neoplatonismo, incorporou diversas correntes de pensamento religioso e incluiu referências bíblicas, bem como o misticismo. O vínculo entre a verdade e a luz permaneceu como conceito fundamental. O Neoplatonismo floresceu durante o Renascimento, e reflexos dele podem ser vistos no Tarô. Não é coincidência que três dos trunfos de numeração mais alta do baralho Visconti-Sforza sejam a Estrela, a Lua e o Sol. Essa progressão hierárquica culmina com a carta do Mundo (à direita), que apresenta uma imagem da Nova Jerusalém, a personificação do Céu, conforme descrito no livro do Apocalipse.

A LIGAÇÃO ALQUÍMICA

A tendência hermética revivida durante o Renascimento incorporou um fascínio pelo ocultismo e pelas artes mágicas, incluindo a alquimia. O texto alquímico mais famoso é a Tábua de Esmeralda, que, segundo a lenda, foi escrita pelo próprio Hermes Trismegisto. O estudo da alquimia, a antiga ciência de transformar metais comuns em ouro, se espalhou por toda a Europa Ocidental durante a Idade Média e continuou durante o Renascimento. Antes de explorar a ligação entre a alquimia e o Tarô, convém compreender alguns dos princípios básicos da alquimia.

A alquimia é uma filosofia cujo princípio fundamental é, citando o estudioso do Tarô Robert M. Place, "que todas as coisas estão vivas, incluindo as rochas e os minerais, e todas comparti-

> "A alquimia é a arte que separa o que é útil do que não é, transformando-o em sua matéria e essência final."
>
> – Paracelso

lham um propósito comum: evoluir para o seu mais elevado estado de ser". *A Tábua de Esmeralda* fornece um relato detalhado da transmutação, processo alquímico de mudança. Nesse sistema de crenças, a forma mais elevada de uma planta é uma rosa; de um metal, é o ouro; e de um ser humano, é a sabedoria. Para alcançar sua forma mais elevada, as substâncias devem ser purificadas de todas as impurezas.

Embora os alquimistas acreditassem que, ao longo do tempo, o chumbo se transmutaria em ouro, tentavam acelerar o processo. Para isso, passaram a vida em busca do catalisador que realizaria esse milagre de transmutação sem a necessidade de etapas intermediárias. Chamavam essa busca de *Magnum Opus*, expressão latina para "Grande Obra", e a substância mágica pela qual procuravam era a pedra filosofal, ou *Anima Mundi*, a "Alma do Mundo".

O Alquimista, *afresco do ciclo "O Mundo do Trabalho", de Nicolo Miretto e Stefano da Ferrara, após Giotto, cerca de 1450.*

> "A alquimia é a arte de manipular a vida e a consciência na matéria para ajudá-la a evoluir ou resolver problemas de desarmonias internas."
>
> – Jean Dubuis

O OURO ESPIRITUAL

Embora os praticantes da *Magnus Opus* continuassem a buscar a pedra filosofal, para alguns o foco se tornou mais espiritual que material. Para eles, a busca predominante era encontrar uma maneira de aperfeiçoar a alma humana por meio de uma transformação mística. Para alcançar esse objetivo, eles analisavam sonhos, visões e símbolos. Os trunfos contam a história de uma jornada simbólica de ascensão espiritual que reflete essa filosofia básica.

Na carta da Roda da Fortuna do Visconti-Sforza (página ao lado), a Fortuna vendada gira sua roda, cercada por quatro figuras, cada uma com um pergaminho mal visível próximo a ela. O pergaminho ao lado da figura da mão esquerda diz *Regnabo* ("Eu reinarei"); o da figura superior, *Regno* ("Eu estou reinando"); e o da figura da mão direita, *Regnavi* ("Eu reinei").

Todas estão equilibradas nas costas de um velho desprovido de recursos, mas resignado, cujo pergaminho diz *Sum sine regno* ("Estou sem reinar"). A mensagem não poderia ser mais clara. A busca por fama e fortuna é um instinto inferior (chumbo). Ao se despojar da ambição desenfreada, pode-se alcançar a transformação e ficar um passo mais perto da iluminação (ouro).

> "Apenas descobrindo a alquimia entendi com clareza que o Inconsciente é um processo, e que as relações do ego com o inconsciente e seus conteúdos iniciam uma evolução, mais precisamente uma verdadeira metamorfose da psique."
>
> – Carl Jung

INTERPRETAÇÕES MODERNAS

O trabalho do psicólogo suíço Carl Jung estabeleceu o papel importante que as imagens desempenham na nossa vida mental. Ao comparar o conhecimento de culturas díspares ao longo das eras, ele observou que as imagens que circulavam no inconsciente eram surpreendentemente semelhantes e refletiam temas universais. Jung chamou essas imagens de arquétipos. Entre eles estavam a figura do sábio, do herói, do trapaceiro, da mãe e da criança inocente. Provavelmente, não é coincidência que vários exemplos dessas imagens arquetípicas estejam presentes no Tarô.

Em seus escritos, Jung deu exemplos de sistemas de crenças que incorporam esses arquétipos, incluindo a alquimia e o yoga, e observou: "Também parece que o conjunto de imagens nas cartas do Tarô descende remotamente dos arquétipos da transformação". Para Cynthia Giles, especialista em Tarô, a frase de Jung "conferiu certa legitimidade à ideia de crescimento pessoal por meio do estudo do Tarô". Poucos discordariam do valor de analisar nossos sonhos para descobrir motivações ocultas e emoções reprimidas. Jung confirmou a importância dos mitos, das fábulas, dos sonhos e dos contos populares na descoberta de motivações ocultas e emoções reprimidas. Por meio de seu simbolismo, as cartas do Tarô podem desempenhar exatamente essa função, com a diferença de que fazem isso enquanto estamos acordados.

No baralho Visconti-Sforza, Il Tempo *("O Tempo"), também chamado de Eremita, é a personificação do sábio ancião.*

O CAMINHO PARA A SABEDORIA

CAPÍTULO 4
OS TRUNFOS

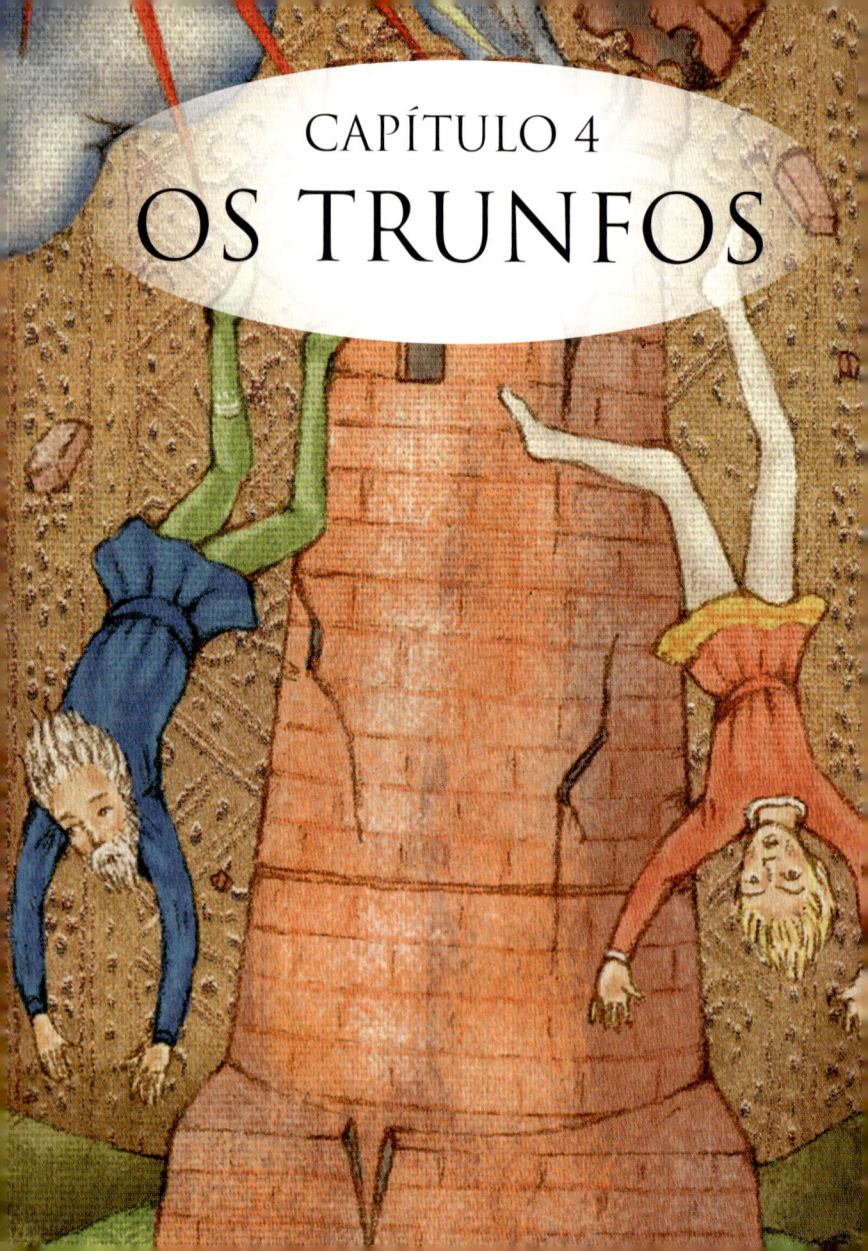

> "O verdadeiro Tarô é simbolismo;
> ele não fala outra língua nem
> oferece outros sinais."
>
> – Arthur E. Waite, *Soul Symbols*

Documentos arquivados mostram que Marziano da Tortona, astrólogo e desenhista de cartas, certa vez perguntou ao seu cliente, Duque Filippo Visconti, se era apropriado para um homem sério e virtuoso desperdiçar seu tempo jogando cartas. Visconti respondeu que, se o jogo fosse virtuoso na filosofia que representava, seria, na verdade, uma busca valiosa. Essa anedota histórica reforça a visão mantida pelos estudiosos do Renascimento de que todas as obras de arte, mesmo em forma de jogos, tinham o propósito de expressar ideias significativas por meio da metáfora e da alegoria.

Página ao lado: *detalhe da carta da Torre recriada do baralho Visconti-Sforza.*

O baralho Visconti-Sforza é um exemplo perfeito dessa tradição. Alguns sugeriram que, quando vistos como três capítulos de uma história, os trunfos do Tarô são alegorias para a teoria da alma em três partes de Platão: a Alma do Apetite, a Alma da Vontade e a Alma da Razão. Para Platão, era necessário integrar os três Centros da Alma, purificando-os com virtudes. Essa alegoria é realizada no Tarô quando se progride do trunfo de numeração mais baixa para a mais alta. Os sete primeiros trunfos do Tarô na hierarquia correspondem à Alma do Apetite e são purificados pela virtude da Temperança. O segundo conjunto corresponde à Alma da Vontade, simbolizada pelo desejo de poder e *status*. A Alma da Vontade é purificada pela virtude da Fortaleza, ou Força.

Os últimos sete trunfos representam a luta da Alma da Razão para obter controle sobre a Alma da Vontade, impulsos irracionais personificados pelo Diabo. Uma vez que esses três aspectos da alma foram purificados, ela pode atuar como um todo, a Justiça pode reinar, e a alma fica livre para ascender cada vez mais em direção a corpos celestiais de brilho crescente (a Estrela, a Lua, o Sol), até que, por fim, alcance sua morada neoplatônica no Céu, representado pela carta do Mundo.

Você pode ter ouvido ou visto o termo "Arcanos Maiores" sendo usado em referência aos trunfos de outros baralhos de Tarô. No entanto, como ele foi cunhado mais de quatrocentos anos após a criação das primeiras cartas de Tarô, o termo não se aplica aos trunfos do Visconti-Sforza. Cada trunfo nesse baralho será definido por dois nomes: seu nome original, em italiano, e o nome mais reconhecível para o leitor moderno de Tarô. Existem 22 trunfos nesse quinto naipe, 21 dos quais, embora não numerados, têm sequência fixa. A vigésima segunda carta, o Louco, não tem lugar fixo na hierarquia dos trunfos e pode ser a primeira (como em *O Tarô Dourado Visconti-Sforza*) ou a última.

Neste capítulo, vamos esmiuçar a simbologia imaginária dos trunfos Visconti-Sforza. Essas cartas representam, por meio de arquétipos, todas as alegrias e tristezas que um indivíduo pode experimentar ao longo da vida. O modo como se responde à imagética oferece uma maneira de obter uma visão sobre as próprias emoções e padrões de pensamento.

O LOUCO
IL MATTO

Este personagem bem conhecido do Renascimento era originalmente chamado de *Il Matto*, "O Louco". Ele veste roupas esfarrapadas, meias longas, os pés expostos, e penas espetadas nos cabelos despenteados; todas essas são indicações de que a figura não está preparada para a vida e precisa aprender cada lição por meio da tentativa e erro. Representando o arquétipo da inocência, o Louco é o proverbial inocente que ainda não aprendeu lições pela experiência. Embora desinformado, está no início da jornada para alcançar a sabedoria.

Posição normal: inocência; início auspicioso de novas aventuras e oportunidades; disposição para se se fazer de tolo com a intenção de alcançar o Eu Superior.

Posição invertida: escolhas equivocadas e tomada de decisões ruins estão em vigor ou se aproximam.

OS TRUNFOS 49

O TARÔ DOURADO

O MAGO
IL BAGATELLA

O primeiro trunfo na hierarquia, o Mago é o primeiro guia na busca pela sabedoria. Suas roupas indicam que ele provavelmente é um bufão ou rei do carnaval, outra figura popular dos trunfos. Em italiano, *Il Bagatella* significa "algo de pouca importância". O Mago representa a Alma do Apetite, o degrau mais baixo na escada da autorrealização. Está sentando num baú ricamente decorado, diante de uma mesa sem adornos, na qual se pode ver uma faca, uma taça, duas moedas e um prato coberto. Sua mão direita repousa sobre o prato coberto, e na mão esquerda ele segura uma vara. Simbolicamente, a taça representa um motivo benigno; a faca, um plano claro; a vara, entusiasmo; e as moedas, tudo o que é prático. E quem sabe o que está escondido no baú? A partir desses elementos, tudo é possível.

Posição normal: carta auspiciosa para começar algo novo; indica imaginação, originalidade, habilidade que pode ser usada para o bem ou para o mal.

Posição invertida: recusa em se comprometer; busca de uma saída fácil; fraqueza.

A SACERDOTISA
LA PAPESSA

Com base em sua extensa pesquisa, a estudiosa de Tarô Gertrude Moakley sugeriu que a imagem desta carta, originalmente chamada *La Papessa* ("A Papisa") em italiano, é da Irmã Manfreda, parente da família Visconti e membro de uma pequena seita herética chamada os guglielmitas. Essa seita elegeu Irmã Manfreda como sua papisa, de acordo com sua crença de que o papado, dominado por homens, seria substituído, em breve, por uma linhagem de papas do sexo feminino. A Sacerdotisa senta-se num trono com uma coroa tripla, símbolo da autoridade papal. Como Sacerdotisa, ela representa o poder, qualidade temporal regida pela Alma do Apetite. Mas também simboliza a Alma da Vontade direcionada para alcançar aspirações elevadas e transformar em realidade, com destemor, metas aparentemente inalcançáveis.

Posição normal: bom julgamento; intuição sólida; boa carta para mostrar evolução espiritual; sabedoria serena; amor platônico; introspecção; emoções profundas e ocultas.

Posição invertida: incapacidade de aproveitar a espiritualidade; egoísmo; superficialidade.

OS TRUNFOS 53

54 O TARÔ DOURADO

A IMPERATRIZ
L'IMPERATRICE

Na mão direita, a Imperatriz segura um cetro e, na esquerda, um escudo adornado com uma águia preta, brasão heráldico do Imperador do Sacro Império Romano e sua esposa. Esta é a primeira carta que combina os símbolos heráldicos das famílias Visconti e Sforza. A Imperatriz veste um manto no qual estão gravados três anéis entrelaçados que representam a família Sforza e, na cabeça, usa a coroa dos Visconti. Como arquétipo da mãe terrestre, a Imperatriz encarna a atratividade e a fertilidade femininas. Combinada com a coroa, o cetro e o escudo, ela é a personificação do poder feminino.

Posição normal: poder feminino; fertilidade; charme feminino; praticidade; decisão; amor materno; riqueza material.

Posição invertida: infertilidade; infidelidade; ansiedade.

O IMPERADOR
L'IMPERADORE

Como símbolo de sua autoridade, o globo imperial é exibido na palma da mão do Imperador. Símbolos heráldicos de ambas as famílias estão refletidos em seu manto, incluindo os três anéis dos Sforza e a coroa dos Visconti. Na coroa, pode-se ver o brasão do Imperador do Sacro Império Romano, a águia imperial. A longa barba branca do Imperador, arquétipo da sabedoria antiga, une-se à coroa, ao cetro e ao globo imperial para criar uma figura que simboliza o poder masculino.

Posição normal: estabilidade; poder mundano; controle do próprio ego; também pode sugerir um encontro com a lei ou alguém em posição de autoridade; promessa de vitória.

Posição invertida: aviso para não confiar em alguém que exerce poder sobre você; falta de controle; emoções mesquinhas; fracasso decorrente da incapacidade de focar a atenção.

OS TRUNFOS 57

O TARÔ DOURADO

O PAPA
IL PAPA

Na vida real, o Papa tem o direito de coroar o Imperador, e sua posição na história do Tarô o coloca acima dos outros governantes, o que é muito apropriado. A mão direita do Papa está levantada, em sinal de bênção, e com a mão esquerda ele segura a cruz papal. Ele usa a coroa de três níveis que simboliza a autoridade papal e representa a unidade da mente, do corpo e do espírito. A barba branca é um arquétipo de sabedoria, enquanto a túnica branca representa a pureza da alma. Juntos, o manto, a coroa e a cruz representam cerimônia e ritual, transmitindo significado histórico e gravidade à sua aparência. Apesar do título elevado do Papa, todo poder é temporário, simbolizado pela posição do Papa nos arcanos.

Posição normal: espiritualidade; compaixão; perdão; pensamento limitado; conformidade.

Posição invertida: vulnerabilidade; generosidade tola; não conformidade; rejeição da doutrina ortodoxa; no extremo, credulidade como adesão a um culto.

OS ENAMORADOS
L'AMORE

É amplamente aceito que as figuras vestidas nesta carta sejam Francesco Sforza e Bianca Maria Visconti. O nome italiano da carta, *L'Amore* ("O Amor"), a ausência de expressão facial e a simplicidade de detalhes indicam que, neste baralho, o verdadeiro tema é o Amor em si, não os Enamorados. Presididos por um Cupido alado, a pose das figuras dos Enamorados foi inspirada em retratos de noivado convencionais, como aqueles que apareciam em pratos de casamento e outros tipos de lembranças matrimoniais da época. O Cupido fica acima do casal, num pedestal, mostrando que é mais poderoso que os Enamorados. Usa uma venda nos olhos para indicar a aleatoriedade de suas flechas e as razões inexplicáveis pelas quais as pessoas se apaixonam. Durante o Renascimento, o Cupido era considerado um tipo problemático que personificava a Alma do Apetite e cuja luxúria precisava ser controlada na instituição do casamento.

Posição normal: harmonia; amor; confiança; honra; alegria; realização de desejos; novo relacionamento ou nova etapa em um relacionamento existente.

Posição invertida: inconstância; falta de confiança.

OS TRUNFOS 61

O TARÔ DOURADO

O CARRO
IL CARRO TRIUMPHALE

Nenhuma carta exemplifica melhor a influência dos desfiles triunfais no Tarô que o trunfo do Carro, originalmente chamado de *Il Carro Triumphale* ("o Carro Triunfal"). Aqui, Bianca Maria personifica Laura, a protagonista de *Os Triunfos* (*I Trionfi*), de Petrarca. Como condutora do carro, Laura exibe múltiplos símbolos de autoridade, incluindo a coroa de ouro na cabeça, o cetro que carrega numa mão e o globo imperial que segura na outra. Ao realizar a busca neoplatônica pela imortalidade, Laura se manifesta como arquétipo do herói. Como tal, precisa impor sua vontade sobre os cavalos alados – um dos quais representa a Alma do Apetite, e o outro, a Alma da Vontade – enquanto guia o Carro/mente em direção à iluminação.

Posição normal: conflito; turbulência; viagem ou jornada iminente; batalha interior para manter o equilíbrio das forças físicas e mentais; busca pela verdade e harmonia.

Posição invertida: fracasso; derrota.

A JUSTIÇA
LA JUSTICIA

A Justiça lidera o segundo conjunto de trunfos, e é missão dessa virtude desafiar a Alma da Vontade. Segurando as balanças da justiça, arquétipo de imparcialidade e equilíbrio, na mão esquerda e exibindo uma espada de dois gumes na mão direita, a Justiça indica que está mais que preparada para a tarefa. Para adicionar interesse visual e em conformidade com as convenções da época, outro drama se desenrola nesse arcano. Acima da Justiça, como se num sonho ou em sua imaginação, um cavaleiro armado num corcel branco galopa pelo arco dourado que enquadra sua coroa. Ele empunha sua espada, preparado para defender a Justiça e sua causa, em conformidade com a primeira regra da cavalaria: defender o que é justo e correto. Os raios do sol brilham com benevolência dos cantos superiores esquerdo e direito da carta.

Posição normal: justiça; equilíbrio; honra; imparcialidade; boas intenções; equilíbrio e compostura; alguém que é gentil e valoriza a consideração dos outros.

Posição invertida: fanatismo; acusações falsas; abuso; intolerância.

OS TRUNFOS

O TARÔ DOURADO

O EREMITA
IL TEMPO

Com longas barbas, o Eremita, arquétipo da sabedoria, segura uma vara ou um cajado na mão esquerda e uma ampulheta na mão direita. Ele contempla a ampulheta, ciente de que o tempo está passando rapidamente. O luxuoso chapéu de pele com dois níveis e detalhes em ouro indica que ele é um homem de posses. Essa imagem do velho como personificação do Tempo (*Il Tempo*) deve sua origem ao personagem do Tempo, ilustrado nas páginas de *Os Triunfos,* de Petrarca, que, por sua vez, foi derivado de representações clássicas de Saturno, deus do tempo, que também era retratado como um velho corcunda. Um aspecto interessante na interpretação do simbolismo dessa carta é que, na Itália, amuletos de corcundas são usados para dar sorte.

Posição normal: aviso para avaliar as próprias ações e garantir que sejam significativas antes que seja tarde demais; vigilância; prudência.

Posição invertida: impulsividade; pressa tola; fracasso causado por falta de atenção.

A RODA DA FORTUNA
LA RUOTA DELLA FORTUNA

A Roda da Fortuna, também descrita nas páginas 40-41, está associada ao tempo e ao mundo físico e temporal, no qual nada permanece igual. Fortuna, com os olhos vendados, como a personificação da indiferença, é insensível ao destino daqueles ao seu redor. As figuras no topo e à esquerda de Fortuna têm orelhas de burro, e a figura à direita tem uma cauda. Um velho em roupas esfarrapadas sustenta a todas. Essa carta indica que a vida é mudança. Se estiver em posição normal, tudo está favorável; se estiver invertida, nem tanto.

Posição normal: destino; chegando ao fim de um problema; se o resultado será bom ou ruim, dependerá das cartas próximas a ela.

Posição invertida: interrupção; inversão da sorte; azar renitente decorrente da incapacidade de aprender com a experiência.

OS TRUNFOS 69

O TARÔ DOURADO

A FORÇA
LA FORTEZZA

O estilo artístico desta carta indica que ela não foi pintada por Bonifacio Bembo. As características do rosto do jovem não são tão refinadas quanto as das figuras dos trunfos anteriores, e provavelmente, foram pintadas por um artista chamado Antonio Cicognara. A Força, personificada pela figura de Hércules, representa a disciplina necessária para a alma completar sua jornada. O leão simboliza o ego inflado que busca fama e fortuna acima de tudo. O poder da Força advém da coragem, palavra derivada da raiz latina *cor*, que significa "coração". A Força, portanto, é a qualidade necessária para domar a sede de poder do homem.

Posição normal: força física; mente sobre a matéria; autodisciplina; determinação; heroísmo.

Posição invertida: mesquinharia; impotência; abuso de poder.

O ENFORCADO
IL TRADITORE

A figura na carta está pendurada de cabeça para baixo, presa a uma forca pelo tornozelo esquerdo. A semelhança entre seu rosto e a figura masculina da carta dos Enamorados indica que ele, provavelmente, é membro da família Visconti-Sforza. O Enforcado, *Il Traditore* ("O Traidor") em italiano, teria sido uma figura reconhecida de imediato na Itália do século XV, pois ser pendurado de cabeça para baixo era o castigo infligido aos traidores. Figuras políticas às vezes eram retratadas penduradas de cabeça para baixo como forma de deboche. O Enforcado representa a dor e a perda do ego necessárias para que a alma complete sua busca espiritual.

Posição normal: sofrimento e vergonha; perda do ego, da autoestima, de riqueza material; período de limbo entre eventos significativos; suspensão da ação; transição; mudança de curso; sacrifício; arrependimento.

Posição invertida: sacrifício inútil; falha em dar o que é necessário; egotismo.

OS TRUNFOS

O TARÔ DOURADO

A MORTE
LA MORTE

O sinistro esqueleto vivo era uma figura de destaque numa obra de arte alegórica chamada *Dança da Morte*, criada como resposta à praga que dizimou a população no século XIV. A Morte segura um arco na mão esquerda e uma flecha na mão direita. Seus olhos penetrantes encaram ameaçadoramente através de órbitas profundas e sombrias. Vimos que a Força, após triunfar sobre a ambição desenfreada, foi superada pela dor e pelo sofrimento do Enforcado e, agora, pela Morte. Não é coincidência que a posição da Morte no baralho do Tarô seja a do desafortunado número 13. Mas é evidente a partir da posição dela nessa alegoria que nem tudo está perdido; ainda há muitas outras cartas restantes no baralho.

Posição normal: transformação; fins (de um relacionamento, um emprego, uma renda) necessários antes de poder recomeçar; no extremo, doença iminente ou morte.

Posição invertida: medo paralisante da mudança.

A TEMPERANÇA
LA TEMPERANZA

A Temperança é a última das virtudes cardeais ilustradas nos trunfos. É a virtude que leva ao equilíbrio, à saúde e à harmonia. Ela alcança seu objetivo não negando os apetites e as emoções, mas mantendo-os sob controle. A moderação é a chave. A Temperança acalma a alma e alivia o impulso de lamentar a injustiça da vida. Está prestes a derramar líquido de uma jarra ornamental para outra enquanto está à beira de um precipício, mesclando metaforicamente o mundo interior da psique com o mundo físico exterior do apetite, o estado perfeito necessário para alcançar a paz de espírito. O estilo da pintura indica que a figura foi executada por um artista que não é Bonifacio Bembo, provavelmente Antonio Cicognara, o mesmo que supostamente pintou a carta da Força.

Posição normal: nutrição e saúde; autocontrole sem negação; moderação e equilíbrio em todas as coisas.

Posição invertida: desarmonia; conflitos de interesse.

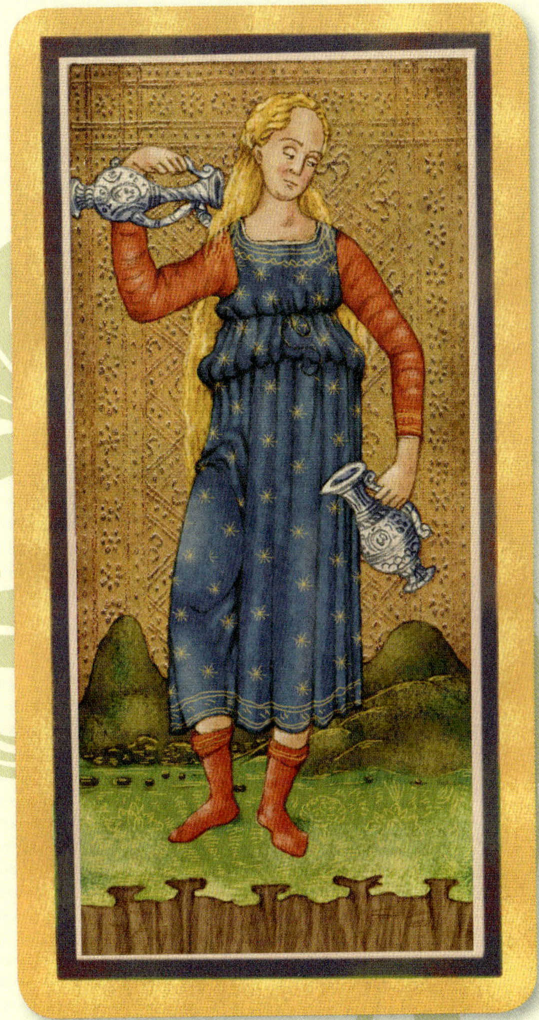

O TARÔ DOURADO

O DIABO
EL DIAVOLO

Como esta carta de trunfo não está entre as cartas do baralho original Visconti-Sforza, ela foi recriada retratando o Diabo com a aparência que ele poderia ter no século XV. Feroz e ameaçador, esse Diabo é metade homem e metade animal. Tem asas de morcego, chifres de carneiro e orelhas de burro. Um segundo rosto no abdômen simboliza a Alma do Apetite no modo mais descontrolado. Acorrentadas ao pedestal do Diabo estão duas figuras cornudas que representam os instintos animais mais básicos do homem. As correntes simbolizam a escravidão aos prazeres temporais e materiais. O fogo irrompe do pedestal lembrando a dor que aguarda aqueles que não se libertam da escravidão dos desejos temporais e não se dedicam aos assuntos da alma.

Posição normal: vício; busca agressiva por posses terrenas; ânsia extrema por dinheiro e poder; sem princípios; falta de humor, exceto à custa de outros; violência; desastre.

Posição invertida: libertação dos laços que prendem; divórcio; superação de obstáculos.

A TORRE
LA CASA DEL DIAVOLO

O sol lança um raio literalmente do nada, cortando o alto da Torre, originalmente chamada de *La Casa del Diavolo* ("A Casa do Diabo"), em italiano. A expressão impassível do sol sinaliza que a calamidade ocorre aleatoriamente, sem levar em conta idade ou *status*. Duas figuras no interior, um homem idoso e uma mulher jovem, caem de cabeça para baixo. A aparentemente robusta torre de pedra não é a poderosa fortaleza que eles poderiam ter imaginado. Tudo que é material é passageiro e não é páreo para as forças celestiais invisíveis. E todas as pessoas, jovens e velhas, ricas e pobres, estão destinadas a perecer. Apenas a alma pode perdurar. Como no caso da carta do Diabo, a Torre também foi recriada em estilo artístico do século XV.

Posição normal: mudança repentina; catástrofe imprevista; colapso de antigas crenças e doutrinas; adversidade; miséria; revés financeiro; perda de relacionamento.

Posição invertida: subjugação contínua; aprisionado numa rotina; incapacidade de mudar; aprisionamento.

OS TRUNFOS

82   O TARÔ DOURADO

A ESTRELA
LA STELLA

A Estrela marca o início da ascensão mística da alma pelos corpos celestes na busca pela iluminação espiritual. Nessa carta, a figura de uma mulher de vestido azul ergue uma estrela dourada de oito pontas acima da cabeça, sinalizando que o brilho celeste a envolve. Ela representa a calma após a tempestade que destruiu a Torre. *Stelle* ("estrelas") é a última palavra da *Divina Comédia* de Dante, aparecendo depois que os heróis emergem do Inferno para um céu estrelado. A Estrela é o símbolo da esperança de que o Bem triunfará sobre o Mal. Especialistas em história da arte sugeriram que a figura dessa imagem pode ter sido inspirada nas representações de Urânia, deusa da astronomia, uma das nove musas da mitologia greco-romana. As características faciais de Urânia, menos refinadas que as das figuras pintadas por Bonifacio Bembo, indicam que esse trunfo, assim como a Força e a Temperança, pode ter sido pintado por Antonio Cicognara.

Posição normal: otimismo; fé; carta auspiciosa que indica que tudo (trabalho, amor, família, conquistas) está em equilíbrio; resultado muito favorável.

Posição invertida: decepção; desequilíbrio; pessimismo.

A LUA
LA LUNA

Na mitologia, a Lua é personificada por Diana, a Caçadora, que também é a deusa da fertilidade. Na carta da Lua, ela está sozinha, separada do irmão gêmeo, o deus do Sol, Apolo. É mostrada segurando uma lua crescente ou "nova", indicando que a busca pela eternidade ainda não foi alcançada. Sua posição nos trunfos demonstra que ela é superada pela carta do Mundo, que representa a eternidade. Nos poemas de Petrarca, a Lua e a Estrela devem esperar que a Eternidade triunfe sobre o Tempo; por isso são frequentemente retratadas com expressões tristes. Uma estrutura feita pelo homem surge pequena e insignificante ao fundo, indicando a distância da Lua das preocupações temporais. Essa é a quarta carta de trunfo executada por um artista diferente de Bonifacio Bembo. Como tem estilo semelhante às cartas da Força, da Temperança e da Estrela, acredita-se que tenha sido pintada por Antonio Cicognara.

Posição normal: paciência para esperar; descanso; pausa; meditação; emergência do inconsciente.

Posição invertida: impaciência.

OS TRUNFOS 85

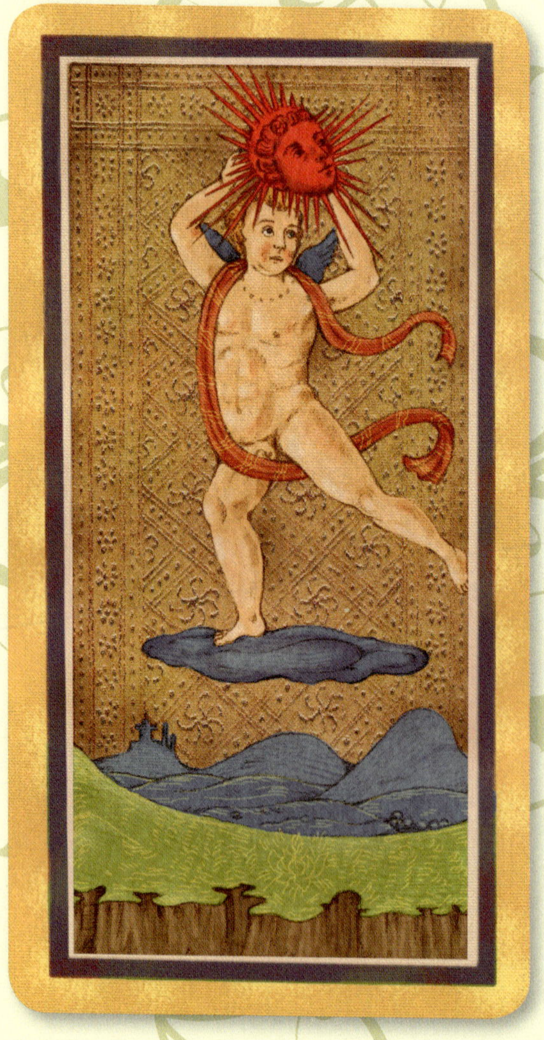

O SOL
IL SOLE

A carta do Sol mostra uma criança alada ou um querubim, figura popular na arte renascentista, conhecida como *putto* em italiano. Suas formas arredondadas são mais parecidas com o estilo das cartas atribuídas a Antonio Cicognara que às cartas conhecidas por serem de Bonifacio Bembo. Ele está de pé sobre uma nuvem azul flutuante enquanto segura o Sol, símbolo heráldico favorito da família Visconti-Sforza. Aqui, o Sol tem a forma da cabeça de um deus, remetendo a Apolo, o deus solar greco-romano. Embora a beira do penhasco apareça em primeiro plano, a criança está longe dela. Ela usa um colar de contas que pode servir como amuleto de sorte. Um lenço fino envolve suas pernas e seus ombros. Com a aparição do Sol, os gêmeos da mitologia – a deusa da Lua (Diana) e o deus do Sol (Apolo) – estão unidos, representando a completude e o equilíbrio de opostos, luz e escuridão, dia e noite, movimento e descanso. Do ponto de vista psicológico, sua união também pode representar a fusão da mente consciente e inconsciente, o estado perfeito, de acordo com Jung.

Posição normal: o ideal em todas as coisas, incluindo saúde; harmonia e unidade perfeitas; equilíbrio entre o masculino e o feminino, que significa amor profundo; fama; prazer; satisfação.

Posição invertida: solidão; futuro incerto; relacionamento infeliz.

O JULGAMENTO
L'ANGELO

Esta carta era chamada de *L'Angelo*, "O Anjo", quando foi criada pela primeira vez. Uma figura divina, semelhante a um deus, preside anjos que convocam as figuras abaixo com suas trombetas. Na parte inferior da carta, duas figuras, representando Bianca Maria Visconti e Francesco Sforza, estão sentadas num caixão. Entre eles repousa um homem idoso que parece estar no fundo do túmulo, indicando que, embora possa ter falecido antes deles, ele também está destinado ao céu. Enquanto se preparam para embarcar na jornada ao paraíso, as figuras contemplam alegremente os seres celestiais acima. Além dessa interpretação bíblica do Juízo Final, a busca mística está quase completa, pois a alma triunfa sobre a Morte com a promessa de vida eterna.

Posição normal: expiação; responsabilidade; renovação e cura.

Posição invertida: indecisão; vazio espiritual; dependência.

OS TRUNFOS

O TARÔ DOURADO

O MUNDO
IL MONDO

Esta é a sexta e última carta do baralho Visconti-Sforza atribuída a Antonio Cicognara. Juntos, dois *putti* seguram um globo, representação simbólica do céu onde os redimidos, vistos na carta do Julgamento, encontrarão seu novo lar. A carta do Mundo também simboliza a iluminação obtida na eternidade. A alma, tendo derrotado a Morte e o Tempo, uniu-se ao Uno para alcançar a imortalidade. Dentro do globo há um castelo brilhante numa colina. Protegido por um fosso, o castelo é uma metáfora da Nova Jerusalém prometida no livro do Apocalipse. O céu está azul e sem nuvens, e os *putti* angelicais estão seguros, simbolicamente protegidos pelos lenços que envolvem seus ombros.

Posição normal: carta extremamente auspiciosa; conclusão perfeita; navegação tranquila; felicidade interior.

Posição invertida: falta de visão; incapacidade de concluir o que foi iniciado; decepção.

CAPÍTULO 5
OS QUATRO NAIPES

Naipe	Associação	Classe	Elemento	Signo astrológico
Copas	Alegria	Clero	Água	Escorpião
Espadas	Tristeza	Nobreza	Ar	Aquário
Paus	Campo	Camponeses	Fogo	Leão
Ouros	Dinheiro	Comerciantes	Terra	Touro

Embora as cartas dos primeiros quatro naipes do Visconti-Sforza não apresentem a rica imagética espiritual e os arquétipos que caracterizam os trunfos do quinto naipe, elas certamente não estão desprovidas de significado. Com base nas repetições dos símbolos dos naipes, ainda são muito informativas e sujeitas à interpretação. Apesar de não se destinarem a orientar o consulente num caminho espiritual, transmitem informações valiosas sobre personalidade e estado de espírito. Após estudar essas cartas a fundo e familiarizar-se com seus significados, você desenvolverá suas próprias ideias intuitivas sobre como elas podem contribuir para uma leitura.

Os nomes dos quatro naipes são Copas, Espadas, Ouros e Paus. Cada naipe é composto por catorze cartas: dez cartas numéricas e quatro cartas da corte: o Rei, a Rainha, o Cavaleiro e o Valete. Conforme mencionado no Capítulo 2, esses quatro naipes refletem as quatro classes da sociedade medieval e renascentista: o clero, a nobreza, os comerciantes e os camponeses. Também correspondem aos quatro elementos, Água, Ar, Terra e Fogo, e refletem os traços de personalidade associados a cada um. Esses naipes foram associados, ainda, a signos astrológicos.

O NAIPE DE COPAS

Este é um naipe descontraído, que representa a alegria. As cartas de Copas raramente são negativas e servem, muitas vezes, como fator amenizante quando estão próximas de cartas negativas numa leitura. O naipe de Copas também pode representar o inconsciente. É interessante observar que o Dois de Copas traz a frase *amor mio* (meu amor), e o Quatro de Copas, o emblema dos Visconti, *à bon droyt* (com o bem [está] o certo).

Ás de Copas

O "cálice" desta carta é uma fonte hexagonal que se assemelha a uma pia batismal ou talvez a um cálice sugestivo do Santo Graal.

Posição normal: carta auspiciosa que indica luxo, prosperidade, realização e alegria.

Posição invertida: afeição não correspondida; esterilidade; felicidade prejudicada.

Dois de Copas

Posição normal: relacionamentos cooperativos de todos os tipos; amor romântico realizado; discernimento; impulsos altruístas.

Posição invertida: divórcio; separação; segredo; complacência; incapacidade de se conectar.

Três de Copas

Posição normal: conclusão; cura; compromisso; também pode indicar celebração iminente, encontro festivo ou reunião familiar.

Posição invertida: prazer hedonista; excessos; ingratidão.

Quatro de Copas

Posição normal: introspecção; necessidade de obter alguma perspectiva após um período intenso ou uma situação desafiadora; desilusão e consequente esgotamento de energia.

Posição invertida: sugere que o consulente aprenderá coisas novas, conhecerá novas pessoas e terá novas possibilidades e experiências.

Cinco de Copas

Posição normal: arrependimentos; falhas; imperfeições; esta carta também pode sugerir um relacionamento superficial ou um casamento vazio.

Posição invertida: indica futuro promissor e atitude esperançosa.

Seis de Copas

Posição normal: sonhos esquecidos; desejo intenso; anseio pelo passado.

Posição invertida: novos começos; futuro promissor.

Sete de Copas

Posição normal: ideias tolas; pensamentos ilusórios; distração.

Posição invertida: escolhas inteligentes; objetivo prestes a ser realizado.

Oito de Copas

Posição normal: timidez; modéstia; resignação; desapontamento; abandono de esforço.

Posição invertida: perseverança; recusa em seguir em frente.

Nove de Copas

Posição normal: realização de sonhos; carta auspiciosa para a saúde e o sucesso material.

Posição invertida: erros e imperfeições; superficialidade e falta de profundidade.

Dez de Copas

Posição normal: carta extremamente auspiciosa; realização romântica; estabilidade financeira; lar feliz; bem-estar espiritual e emocional; virtude; paz; honra; gratidão.

Posição invertida: desarmonia; relacionamentos conflituosos; conflito; problemas.

VALETE DE COPAS

O Valete olha para a esquerda (direção do mal) e usa luvas brancas (símbolo de pureza), o que sugere boas intenções diante de forças malévolas. Segura uma taça dourada que, assim como todas as cartas da corte deste naipe, é coroada com uma cobertura alta e gótica. Sua túnica é decorada com sóis radiantes, símbolo heráldico dos Visconti. O contraste entre a meia vermelha e a branca, se refletir intencionalmente o simbolismo renascentista, pode representar um conflito entre a pureza (branco) e o desejo (vermelho).

Posição normal: cuidadoso; terno; artístico; muito bom comunicador; também pode indicar gravidez ou nascimento.

Posição invertida: facilmente distraído; que se desviou; pessoa com boa lábia; alguém que pode não ser confiável no amor.

CAVALEIRO DE COPAS

Montado num cavalo, o Cavaleiro de Copas veste um casaco curto com guarnição de pele de tecido dourado, estampado com o sol dos Visconti. Sob o casaco, usa uma camisa azul-royal. A pata direita do cavalo está erguida, e o xairel e o bridão exibem os emblemas dos Visconti.

Posição normal: pronto para enfrentar qualquer coisa que surgir; preocupado com o amor e o romance; capacidades psíquicas; carta auspiciosa que indica que em breve surgirá uma oportunidade; possivelmente um pedido de casamento.

Posição invertida: não confiável; egoísta; ardiloso.

RAINHA DE COPAS

Sentada num trono e usando uma coroa, a Rainha de Copas está voltada para a frente. O vestido dourado de aparência pesada é adornado com o emblema do sol dos Visconti. Ela usa luvas verdes, cor associada ao sagrado na arte renascentista. Também segura uma taça, ou cálice, coberta na mão direita e parece estar fazendo um gesto, talvez concedendo uma bênção, com a mão esquerda.

Posição normal: expansiva; amável; maternal; dedicada; adorada; com o dom da clarividência.

Posição invertida: instável; exigente; dependente; punitiva; propensa a explosões emocionais.

REI DE COPAS

Retratado de perfil, o Rei de Copas usa a coroa ducal de Milão. A túnica com guarnição de pele exibe o símbolo heráldico dos Visconti, um sol com raios ondulados e retos. Na mão direita, segura uma taça coberta ornamental.

Posição normal: atencioso; gentil; confiável; possivelmente religioso; criativo e amante das artes; a preocupação com os outros leva a trabalhos de caridade.

Posição invertida: falso; manipulador; escandaloso.

NAIPE DE ESPADAS

As cartas de Espadas estão associadas ao elemento Ar e, como tal, ligadas ao pensamento e à razão. Na arte renascentista, a espada era símbolo da Justiça.

Ás de Espadas

O lema dos Visconti, *à bon droyt*, aparece num pergaminho que envolve as espadas das cinco primeiras cartas numéricas, começando pelo Ás. Essa frase em latim significa "com o bem [está] o certo".

Posição normal: determinação, iniciativa e força, todas as qualidades que levam ao sucesso e à conquista duradoura.

Posição invertida: desastre, opressão, temperamento feroz, humilhação, infertilidade.

Dois de Espadas

Posição normal: confronto de forças iguais que leva a um impasse; emoção reprimida; incapacidade de tomar uma decisão.

Posição invertida: engano, traição, mentiras, deslealdade.

Três de Espadas

A única carta numérica ausente do baralho Visconti-Sforza, o Três de Espadas foi recriado em estilo semelhante ao das outras cartas de Espadas.

Posição normal: decepção, desgosto, desolação, desespero; separação iminente; possível adiamento de planos.

Posição invertida: ausência, perda, rejeição, arrependimento.

Quatro de Espadas

Posição normal: rejuvenescimento; recuperação de adversidades anteriores; indica que é hora de desacelerar; necessidade de atividades solitárias como meditação; isolamento temporário; exílio; alívio.

Posição invertida: impulso para continuar em frente; aumento do estresse.

Cinco de Espadas

Posição normal: ganho à custa dos outros; traição e confiança equivocada.

Posição invertida: perspectiva nebulosa; incerteza; fraqueza.

Seis de Espadas

Posição normal: estabilidade e navegação tranquila; viagem e/ou mudança de endereço; superação da adversidade.

Posição invertida: estagnação; impasse; padrões de comportamento antigos; incapacidade de progredir.

Sete de Espadas

Posição normal: carta contraditória, pode significar engano e trapaça ou representar risco criativo; alguém pode falhar ao exagerar nas jogadas ou triunfar ao usar sua astúcia.

Posição invertida: incerteza; a justiça prevalece quando comportamentos ruins são punidos.

Oito de Espadas

Posição normal: isolamento temporário; prisão; confinamento decorrente de doença; inibições; depressão; letargia.

Posição invertida: libertação; liberdade; luz no fim do túnel.

Nove de Espadas

Posição normal: às vezes chamada de "carta do pesadelo", porque representa preocupação, ansiedade e estado mental perturbado; desesperança; miséria.

Posição invertida: vergonha; escândalo; fofocas.

Dez de Espadas

Posição normal: deixar o passado para trás em prol da cura e do crescimento pessoal – processo que pode trazer angústia emocional; perdão.

Posição invertida: ganho temporário; sucesso passageiro; circunstâncias levemente melhores.

VALETE DE ESPADAS

O Valete de Espadas veste uma armadura completa e usa um chapéu emplumado de pavão. Posa graciosamente e segura sua espada na mão direita, com a ponta descansando no chão, de maneira não ameaçadora.

Posição normal: adepto de explorar a mente, preocupado com ideias intelectuais; altamente perceptivo; perspicaz; capaz de descobrir significados ocultos; discreto; atento; adaptável; seria um bom espião. A carta pode indicar que informações ou documentos importantes estão a caminho; sugere possível conflito.

Posição invertida: impostor; incapaz de lidar com forças imprevistas; dependendo das cartas ao redor, pode indicar doença iminente.

CAVALEIRO DE ESPADAS

O Cavaleiro de Espadas está montado num cavalo branco, armado e simbolizando invencibilidade. Assim como o Valete de Espadas, o Cavaleiro está vestido com uma armadura completa e usa um chapéu coberto de penas de pavão, símbolo de orgulho durante o Renascimento. O Cavaleiro é retratado de perfil, voltado para a esquerda (direção do mal), segurando uma espada erguida na mão direita. Sua postura digna e composta indica que ele sempre pode ser confiável para travar uma luta justa, mas não deve ser chamado para se envolver em causas triviais.

Posição normal: galanteria e heroísmo; também pode indicar mudança repentina e disposição para correr riscos.

Posição invertida: passivo; irresponsável; presunçoso.

RAINHA DE ESPADAS

Sentada de perfil, a Rainha usa coroa, luvas e armadura nos antebraços e cotovelos. Está vestida de branco, símbolo de pureza; nas universidades italianas, durante o Renascimento, o branco também era símbolo das humanidades. Na mão direita, ela segura uma espada que repousa sobre o ombro, e a mão esquerda está levantada, como se fizesse um cumprimento.

Posição normal: inteligente; perspicaz; autossuficiente; pode ter conhecido a felicidade em algum momento, mas agora está repleta de tristeza; disciplinadora rigorosa; pode ser incapaz de demonstrar afeto. Essa carta significa felicidade passageira.

Posição invertida: preconceituosa; enganadora; evita responsabilidades; negligencia os entes queridos.

REI DE ESPADAS

Assim como nas outras três cartas da corte deste naipe, o Rei de Espadas veste uma armadura e carrega uma grande espada. É o único rei dos quatro naipes que tem escudo. O escudo é adornado com um leão com halo segurando um livro, emblema de Veneza, cidade que já esteve sob a proteção dos Sforza.

Posição normal: alguém em posição de autoridade que alcançou o ápice de uma profissão, como a advocacia, o militarismo ou o ensino superior; analítico; cheio de ideias brilhantes e planos inovadores.

Posição invertida: egoísta; dominador; perigoso.

O NAIPE DE PAUS

As associações deste naipe com o campo e a agricultura foram ampliadas para incluir interpretações modernas. Hoje, esse naipe está relacionado à liderança, à inovação e à comunicação no contexto dos assuntos empresariais.

Ás de Paus

Assim como no naipe de Espadas, o lema dos Visconti, *à bon droyt* (em latim, "com o bem [está] o certo"), aparece num pergaminho que envolve os bastões das cinco primeiras cartas numéricas.

Posição normal: carta auspiciosa para começar algo novo; missão concluída com sucesso; boa sorte; prosperidade.

Posição invertida: resultados incertos; ambição frustrada; planos interrompidos.

Dois de Paus

Posição normal: personagem dominante e maduro; alta energia; otimismo; metas realizadas por meio de determinação e trabalho árduo.

Posição invertida: tristeza; adversidade; derrota inesperada.

Três de Paus

Posição normal: força; tino para os negócios; inteligência prática obtida da experiência.

Posição invertida: expectativas irrealistas; sonhos desperdiçados; aviso contra ajudantes com motivações ocultas.

Quatro de Paus

Posição normal: comemoração de marcos importantes; uma conquista e suas recompensas; recente prosperidade e serenidade em casa; comprometimento.

Posição invertida: incerteza; recompensa adiada; celebração postergada ou relacionamento rompido.

Cinco de Paus

Posição normal: competição e luta; pode indicar a necessidade de se defender; implicação de que o crescimento só pode ser alcançado superando-se obstáculos.

Posição invertida: inação; brigas triviais; conflito interior; pode ser um aviso contra a indecisão.

Seis de Paus

Posição normal: presságio de boas notícias: a vitória chegou e trouxe recompensas pelo sucesso.

Posição invertida: medo; ansiedade; traição.

Sete de Paus

Posição normal: sucesso diante da adversidade; indica que se vencerão as probabilidades.

Posição invertida: indecisão; hesitação; ansiedade; falta de ação por causa de preocupação.

Oito de Paus

Posição normal: rapidez; avanço repentino; tomada de decisões impulsivas; talvez um amor à primeira vista.

Posição invertida: ciúme; brigas familiares; atraso; inércia.

Nove de Paus

Posição normal: metas que foram alcançadas; momento para pausar, refletir e se recuperar do esforço excessivo; necessidade de baixar as defesas e relaxar.

Posição invertida: obstáculos iminentes; possível doença.

Dez de Paus

Posição normal: luta para alcançar um objetivo; responsabilidade causando desgaste.

Posição invertida: pessimismo; manobras enganosas.

VALETE DE PAUS

Visto de costas, com o rosto de perfil, o Valete de Paus usa uma capa curta com borda de pele e segura um bastão ornamentado em ambas as extremidades. Sob as listras da capa, é visível o emblema dos Visconti, de um sol radiante.

Posição normal: confidente confiável e leal; extrovertido entusiasmado e repleto de novas ideias; carta promissora para o romance e a amizade.

Posição invertida: alguém em quem não se pode confiar; portador de más notícias; natureza indecisa.

CAVALEIRO DE PAUS

Uma vista lateral do Cavaleiro de Paus mostra o xairel do cavalo com seus escudetes e o símbolo heráldico dos Visconti, de um sol com raios brilhantes. O Cavaleiro parece estar no controle total do inquieto cavalo, enquanto este se ergue nas patas traseiras.

Posição normal: jornada ou mudança de residência; entusiasmo; espírito aventureiro.

Posição invertida: fricção; perturbação ou rompimento de um relacionamento.

RAINHA DE PAUS

A Rainha senta-se no trono em posição relaxada e receptiva. Veste uma sobressaia ao estilo império, com mangas longas e elegantes. Na parte da frente do vestido, abaixo do corpete, podem-se ver os símbolos heráldicos dos Visconti, de um sol brilhante e um ninho de pássaros.

Posição normal: extrovertida; amorosa; compassiva; graciosa; encantadora; imparcial; interessada nos outros.

Posição invertida: inconstante; ciumenta; enganadora; infiel; teimosa.

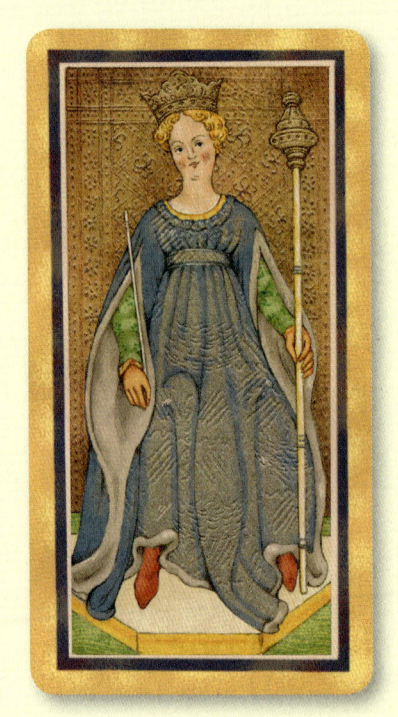

REI DE PAUS

O Rei está sentado num trono hexagonal, o que indica que está preocupado tanto com questões temporais quanto com questões espirituais. Está olhando para a frente, com as pernas cruzadas nos tornozelos. Assim como a Rainha de Paus, segura um cetro (símbolo de autoridade) na mão direita e um bastão real na mão esquerda. Sua vestimenta apresenta os símbolos heráldicos dos Visconti, um ninho de pássaro e raios solares.

Posição normal: confiante; maduro; bem-sucedido; combina instintos paternos com natureza otimista e generosa.

Posição invertida: dogmático; imaturo; impulsivo.

O NAIPE DE OUROS

Este naipe representa o mundo físico dos prazeres materiais. Novamente, o lema dos Visconti, *à bon droyt* (em latim, "com o bem [está] o certo"), aparece num pergaminho, dessa vez nas cartas do 2 ao 5, surgindo duas vezes nas cartas 3 e 5. As próprias moedas que representam o naipe apresentam o sol heráldico da família Visconti.

Ás de Ouros

Posição normal: carta auspiciosa para novos empreendimentos e oportunidades; abundância; aumento salarial; tesouro espiritual.

Posição invertida: falta de prazer na riqueza; capital mal gasto; atrasos decorrentes da falta de recursos.

Dois de Ouros

Posição normal: sugere escolha entre alternativas, como carreiras, ofertas de emprego, universidades ou relacionamentos; luta pelo equilíbrio.

Posição invertida: necessidade de conciliar várias obrigações; sobrecarga por causa de muitas escolhas; falta de foco.

Três de Ouros

Posição normal: domínio e perfeição; boa carta para realizar projetos de autoaperfeiçoamento e aprender coisas novas, incluindo lições de vida.

Posição invertida: desperdício de tempo e energia; falta de expertise; desleixo; descuido; mediocridade.

Quatro de Ouros

Posição normal: atitude conservadora em relação ao dinheiro e à tomada de riscos; acumulação e mesquinhez; pode indicar uma avaliação do próprio valor com base na riqueza material.

Posição invertida: generosidade; largueza; liberdade.

Cinco de Ouros

Posição normal: dificuldades financeiras e estresse com as finanças; riqueza espiritual na forma de compaixão pelos menos afortunados.

Posição invertida: a mudança está no horizonte, trazendo oportunidades, novos empreendimentos e renovação.

Seis de Ouros

Posição normal: o significado varia muito, dependendo das cartas ao redor; mudança; estabilidade financeira; bondade; generosidade.

Posição invertida: relacionamento rompido; egoísmo; viver além dos próprios meios; falta de economia.

Sete de Ouros

Posição normal: engenhosidade; planejamento sábio; recompensa pelo esforço; estabilidade; reflexão.

Posição invertida: perda financeira; ansiedade; instabilidade.

Oito de Ouros

Posição normal: trabalhador experiente; compromisso profundo; habilidade para o artesanato; aprendizado e disposição para trabalhar e aprender; alegria pelo trabalho bem-feito.

Posição invertida: esforço mínimo; falta de disciplina; usura; intriga.

Nove de Ouros

Posição normal: autoconfiança; discrição; segurança; conforto; estabilidade.

Posição invertida: ameaças e perigos; incompletude; aborto espontâneo.

Dez de Ouros

Posição normal: prosperidade doméstica; sucesso nos negócios.

Posição invertida: empreendimento arriscado; chances ruins.

VALETE DE OUROS

Vestindo um grande chapéu com plumas, o Valete é mostrado de perfil, voltado para a esquerda. Segura uma grande moeda de ouro na altura do peito e parece estar examinando e admirando sua beleza. O padrão de sua capa combina com os padrões das roupas das outras cartas da corte deste naipe.

Posição normal: erudito; reflexivo; prático; capaz de concentração profunda; curiosidade profunda e sede de conhecimento; destemido para enfrentar as adversidades.

Posição invertida: imaturo; falta de comprometimento e perseverança; impraticável; incapaz de planejamento financeiro sólido.

CAVALEIRO DE OUROS

O Cavaleiro de Ouros é a única carta da corte ausente no baralho original Visconti-Sforza. A substituta foi recriada invertendo-se uma impressão do Cavaleiro de Copas e substituindo os cálices da capa por um padrão de sóis ao estilo Visconti, entrelaçados com fitas azuis.

Posição normal: boas notícias relacionadas à renda; alguém maduro, responsável, confiável e organizado.

Posição invertida: preguiçoso; desmotivado; apático.

RAINHA DE OUROS

A Rainha está sentada em postura confiante, voltada para a esquerda (direção da adversidade), com uma grande moeda de ouro apoiada no joelho direito. Seu vestido é feito de um tecido semelhante ao usado pelas figuras das outras cartas da corte. Tecidas no desenho estão fitas azuis que se entrelaçam com sóis Visconti.

Posição normal: cuida bem de si mesma; segura na prosperidade; contente com a vida; nobre; generosa. A carta também sugere a sabedoria de confiar em si mesma e que aplicar suas habilidades e seus conhecimentos trará os benefícios desejados.

Posição invertida: desconfiança; falta de autoestima.

REI DE OUROS

O Rei de Ouros está sentado de frente, com as pernas cruzadas nos tornozelos. A túnica curta é estampada com o mesmo padrão hexagonal de fitas azuis entrelaçadas e sóis ao estilo Visconti, presentes nas roupas das outras cartas da corte. A mão esquerda do Rei repousa sobre uma grande moeda de ouro, também estampada com o sol Visconti.

Posição normal: líder experiente; centrado; prático; conservador; pode representar um profissional de sucesso ou um empresário que conquistou substancial riqueza material.

Posição invertida: alguém que corre riscos e deseja dinheiro, mas não está disposto a trabalhar para obtê-lo.

# CAPÍTULO 6
A JORNADA DO TARÔ

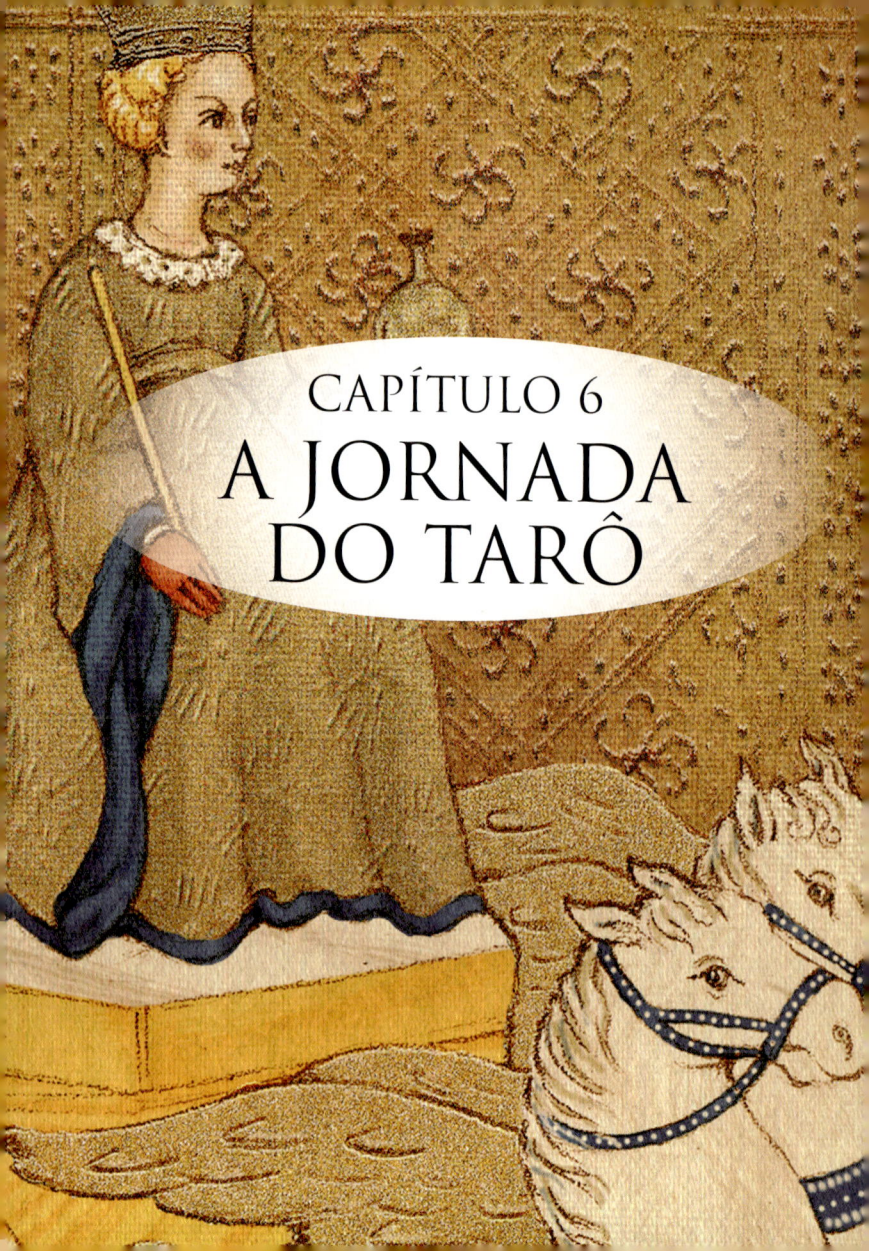

> "Pensamentos sem conteúdo são vazios, intuições sem conceitos são cegas. O entendimento não pode intuir nada, os sentidos não podem pensar nada. Somente por meio da união dos dois pode surgir o conhecimento."
>
> – Immanuel Kant

Você está prestes a embarcar numa jornada interior cujo destino é seu Eu Superior. É essa parte de você, também conhecida como intuição, que vai guiá-lo em suas decisões, de modo que sejam as mais adequadas. O objetivo final da leitura do Tarô é separar o conhecimento consciente do inconsciente, onde reside a intuição. Utilizadas com sabedoria, as cartas de Tarô podem servir como catalisadores para acessar o inconsciente coletivo, ou Alma do Mundo: repositório de conhecimento universal que faz parte de todos nós. Imagine suas cartas de Tarô como portais para o seu inconsciente, e as imagens do Tarô, como suas chaves.

Página ao lado: *detalhe da carta do Carro do baralho Visconti-Sforza.*

Ao longo dos anos, o Tarô tem sido, às vezes, utilizado para propósitos de adivinhação. No entanto, como a previsão do futuro é um empreendimento impreciso, no melhor dos casos, um objetivo melhor de uma leitura de Tarô seria acessar sua sabedoria interior para ajudá-lo a extrair o máximo de seus talentos e das escolhas disponíveis a você. A reação de uma pessoa ao Tarô é algo profundamente pessoal, e, para desenvolver um relacionamento com as cartas, é preciso paciência. À medida que as imagens se imprimem aos poucos em sua psique, você vai descobrindo que está cada vez mais sintonizado com o significado das cartas.

Eis aqui algumas dicas úteis para acelerar sua jornada. Em primeiro lugar, familiarize-se com as imagens das cartas e com seu simbolismo. Lembre-se de que cada uma delas é carregada de muitos níveis de significado. Quanto mais tempo você passar com elas, mais sutilezas lhe serão reveladas. Ao observar as cartas, você descobrirá que elas despertam reações intuitivas. Anote esses sentimentos à medida que ocorrem. Talvez seja uma boa ideia ter um caderno à mão especialmente para esse fim.

Uma maneira divertida de se familiarizar com as cartas é usar a criatividade ao estudá-las. Experimente associar cada trunfo a alguém que você conhece e anote as razões de suas escolhas. Outra ideia é dividir as cartas da corte e as figuras dos trunfos em duas pilhas: aquelas com as quais você gostaria de se encontrar numa festa e aquelas que você gostaria de evitar. Novamente, anote as razões. Você também pode selecionar a carta que mais se relaciona com seu próprio caráter ou com sua situação particular e escrever por que se sentiu atraído por ela.

Exercícios de visualização são uma excelente maneira de usar o poder das cartas para ajudar na tomada de decisões. Talvez você esteja se sentindo sobrecarregado com suas responsabilidades. Faça uma lista de todos os lugares em que precisa estar e de todas as coisas que precisa fazer. Antes de dizer sim a mais uma incumbência, encontre um lugar tranquilo e pacífico. Procure bloquear todas as distrações mentais e visuais. Em seguida, retire a carta do Eremita (acima) do baralho. Estude-a e concentre-se na imagem do ancião. Agora, foque na ampulheta. Ela ajuda você a encontrar perspectiva?

Não existe uma única maneira correta de embaralhar as cartas do Tarô. Você pode embaralhá-las como faria com um baralho comum ou, como as cartas do Tarô são maiores que as de baralho, espalhá-las viradas para baixo numa mesa e deslizá-las com as palmas das mãos, até que estejam bem misturadas. Não se preocupe com os significados das cartas invertidas até que se torne um leitor experiente. Há permutações mais que suficientes com as cartas na posição normal para proporcionar uma experiência significativa com o Tarô.

Antes de iniciar uma leitura, é importante ter clareza sobre o propósito da pergunta; quanto mais específica ela for, melhor. Evite perguntas que exijam respostas do tipo sim ou não. "O que preciso saber sobre meu relacionamento?" é uma pergunta melhor que "Eu e meu parceiro vamos terminar?". "O que devo fazer para aumentar minhas chances de ser promovido?" é melhor que "Vou receber aumento?". "O que preciso entender sobre meu estilo de vida?" é melhor que "Vou perder peso?".

Até agora, consideramos o Tarô um instrumento de autoconhecimento e crescimento pessoal. Como este livreto serve apenas como introdução ao Tarô, é melhor que você se concentre em si mesmo quando já estiver bem familiarizado com as cartas e seu simbolismo. As páginas a seguir contêm várias maneiras testadas e comprovadas de dispor as cartas para a adivinhação. Lembre-se de que todas as cartas e sua sequência numa leitura estão sujeitas à interpretação pessoal. Não há uma maneira certa ou errada de interpretar o Tarô. As leituras vão variar mesmo quando leitores profissionais usarem as mesmas tiragens e tirarem as mesmas cartas. O que importa é como as cartas ressoam com você pessoalmente. Sua interpretação dependerá totalmente de suas próprias experiências, de sua personalidade, de suas crenças e de seus desejos.

A TIRAGEM DE TRÊS CARTAS

A leitura de três cartas é uma tiragem simples para o leitor iniciante de Tarô. Nessa estrutura, você tem a opção de escolher antecipadamente o que gostaria que as cartas representassem. O consulente embaralha as cartas e, em seguida, distribui três, colocando-as da esquerda para a direita. A lista a seguir inclui várias opções para você enfocar numa leitura:

- passado, presente, futuro
- situação, atitude, elemento-chave
- condições externas, situação atual, obstáculo
- corpo, mente, espírito
- parar, começar, continuar
- você, eu, nós

Aqui está um exemplo básico de uma leitura de três cartas com o foco na segunda opção: situação, atitude, elemento-chave.

Questão: Kevin tem receio de que vá perder o emprego porque várias pessoas no escritório foram demitidas recentemente. Ele está estressado porque adora seu trabalho e tem se esforçado fazendo horas extras, além de esperar por uma promoção.

A pergunta dele: O que preciso saber sobre minha situação atual de trabalho?

Carta 1, situação: nesta posição, Kevin tirou a Torre, o que confirma sua avaliação de que há certa agitação no local de trabalho.

Carta 2, atitude: aqui, Kevin tirou a carta do Louco, indicando que está se sentindo inseguro e preocupado com a mudança.

Carta 3, elemento-chave: a carta que Kevin tirou aqui foi a Justiça, que simboliza equilíbrio. Para Kevin, essa carta significa que ele deve tentar não deixar as emoções sobrepujarem seu julgamento.

Resultado: Kevin decidiu deixar de lado o medo da mudança. Vai continuar trabalhando no emprego atual, mas também começará a fazer contatos e a enviar seu currículo atualizado. Ao tomar medidas positivas para garantir que tenha opções, Kevin conseguiu visualizar um futuro mais otimista.

Eis outro exemplo de uma tiragem de três cartas, representando a opção "você, eu, nós".

Questão: embora sempre tenha apreciado seu trabalho, Ellen, professora de Arte do ensino médio, sente que está presa a uma rotina monótona.

A pergunta dela: o que preciso saber para me relacionar melhor com meus alunos?

Carta 1, você: Ellen tirou a carta do Enforcado, que interpretou como significando que o entusiasmo de seus alunos estava suspenso, pois eles se sentiam entediados com a rotina e pouco interessados nos métodos de ensino dela.

Carta 2, eu: aqui, Ellen tirou a carta do Mago, indicando que deveria adicionar um pouco mais de empolgação aos seus planos de aula, tentando algo novo para criar um pouco de "magia" em sala de aula.

Carta 3, nós: nesta posição, Ellen tirou a carta da Temperança, indicando que a relação entre ela e os alunos precisava de equilíbrio.

Resultado: Ellen decidiu que se empenharia para ser mais criativa nos métodos de ensino. Continuaria a ensinar a técnica. No entanto, depois que se certificasse de que os alunos tivessem entendido o básico, ela controlaria o impulso de corrigir seus trabalhos e os encorajaria a flexibilizar as regras para liberar sua criatividade. A carta da Temperança a inspirou a proporcionar um equilíbrio saudável em sala de aula, com a expectativa de estabelecer uma relação mais feliz com os alunos.

1

2 3 4

5

TIRAGEM DAS CINCO CARTAS

Esta é outra tiragem muito útil para decidir um curso de ação. Funciona melhor se o consulente se concentrar num aspecto de uma decisão, escolhendo entre várias possibilidades.

Carta 1, presente/tema geral: refere-se ao tempo presente e indica o tema geral da leitura.

Carta 2, influências passadas: refere-se às forças do passado que continuam a surtir efeito.

Carta 3, o futuro: manifesta as metas futuras do consulente.

Carta 4, razão: revela um impulso oculto que pode ser um obstáculo para alcançar o objetivo do consulente.

Carta 5, potencial: aponta o resultado potencial se o consulente seguir determinado curso de ação.

AMOSTRA DE UMA LEITURA COM A TIRAGEM DE CINCO CARTAS

Questão: Eric está namorando uma mulher por quem achava estar apaixonado. Ultimamente, tem sentido que algo não vai bem. Falta paixão no relacionamento, e, embora ele queira reacender a paixão que os uniu no passado, a parceira parece não estar disposta a fazer o mesmo. Eric suspeita de que ela possa estar interessada em outra pessoa.

A pergunta dele: O que preciso saber sobre meu relacionamento atual?

Carta 1, presente/tema geral: Eric tirou a carta do Carro nesta posição. Ela se encaixa na circunstância atual dele, indicando que se sente puxado em duas direções. O coração o instiga a ficar com a mulher que ele ama, enquanto a cabeça lhe diz que o vínculo entre eles está enfraquecido.

Carta 2, influências passadas: aqui, o Oito de Copas indica que Eric tem percebido problemas no relacionamento há algum tempo e está chegando à conclusão de que ele chegou ao fim. Ele está pensando em seguir em frente.

Carta 3, o futuro: nesta posição, o Quatro de Paus revela o desejo de Eric por um relacionamento romântico e pacífico, com uma mulher que demonstre querer o mesmo.

Carta 4, razão: aqui, surge o Seis de Copas indicando que Eric está se apegando ao passado, ansiando por algo inatingível.

Carta 5, potencial: na posição final, a Rainha de Paus indica que, se Eric abrir mão do desejo de permanecer no atual relacionamento estagnado, outra mulher, afetuosa e compassiva, entrará em sua vida.

Resultado: Eric decidiu dar mais espaço à atual namorada. Vai passar algum tempo focado nos próprios interesses, renovando amizades antigas e fazendo planos que não a incluam. Se esse período de menor proximidade marcar o fim do relacionamento, ele vai aceitar o fato e seguir em frente.

A CRUZ CELTA

Esta tiragem composta de dez cartas, também conhecida como Cruz Celta, data do final do século XIX. Por ser mais complexa que as outras, é melhor você deixar essa leitura para quando já tiver prática nas mais simples.

Carta 1, o presente: refere-se à situação atual do consulente ou fornece informações sobre as condições atuais em que ele vive e trabalha.

Carta 2, forças contrárias: sobreposta à primeira carta, na horizontal, esta carta indica desafios ou obstáculos.

Carta 3, objetivo: revela os pensamentos subconscientes do consulente em relação à leitura; posicionada acima da carta 1, indica o objetivo do consulente para essa leitura.

Carta 4, o passado: descreve as forças e influências que levaram à situação do consulente.

Carta 5, o passado recente: indica acontecimentos recentes que podem ajudar a explicar a situação atual.

Carta 6, o futuro: revela uma esfera de influência que está por vir.

Carta 7, conselho: demonstra uma maneira de lidar com um medo ou uma preocupação atual que aflige o consulente.

Carta 8, fatores externos: indica como os outros veem o consulente.

Carta 9, fatores internos: refere-se aos estados emocionais do consulente, como esperanças, medos, preocupações e possíveis motivações ocultas.

Carta 10, resultado: combina os significados das outras cartas para fornecer um desfecho; caso o resultado seja desfavorável, o consulente poderá mudá-lo aplicando a sabedoria obtida na leitura.

A JORNADA DO TARÔ

AMOSTRA DE LEITURA DA CRUZ CELTA

Questão: Elizabeth recebeu uma proposta de emprego em outra cidade. Ela terá um salário melhor, mas precisará se mudar para essa cidade.

A pergunta dela: o que preciso saber para tomar a decisão certa para mim?

Carta 1, o presente: o Cavaleiro de Paus aparece nesta posição, adequando-se às circunstâncias atuais de Elizabeth, pois essa carta indica que ela está pronta para embarcar numa jornada rumo ao desconhecido.

Carta 2, forças contrárias: aqui, o Rei de Ouros representa dinheiro e responsabilidade. Nesta posição, a carta diz a Elizabeth que, além do dinheiro que ela ganhará se aceitar o novo emprego, terá mais responsabilidades.

Carta 3, objetivo: a Rainha de Ouros revela o desejo inconsciente de Elizabeth por luxo e riquezas.

Carta 4, o passado: nesta posição, a Rainha de Copas indica que, no passado, Elizabeth foi uma cuidadora dedicada de entes queridos, colocando o bem-estar deles na frente dos próprios desejos e necessidades.

Carta 5, o passado recente: o Três de Espadas sugere que Elizabeth adiou seus sonhos ao recusar outras ofertas de emprego que teriam impulsionado sua carreira.

Carta 6, o futuro: aqui, o Dois de Espadas indica que Elizabeth conquistará equilíbrio maior na vida, no futuro.

Carta 7, conselho: a Lua revela que, se Elizabeth permitir que seus sentimentos inconscientes se manifestem, eles mostrarão a ela a direção que deve tomar.

Carta 8, fatores externos: o Rei de Copas indica que Elizabeth é vista pelos outros como uma pessoa gentil e confiável.

Carta 9, fatores internos: nesta posição, o Ás de Espadas revela o medo oculto de Elizabeth em relação ao poder e ao sucesso.

Carta 10, resultado: o Rei de Paus é uma carta auspiciosa relacionada aos negócios e ao empreendimento, confirmando as habilidades de Elizabeth para liderar e tomar decisões, o que pode levar ao resultado a seguir.

Resultado: se Elizabeth seguir a sabedoria revelada nas cartas, descobrirá, com essa leitura, verdades sobre si mesma. Ela decidirá se está disposta a progredir em sua carreira, aceitando mais responsabilidades e confiando na habilidades de liderança, ou decidirá que seu desejo não reconhecido e não expresso por luxo e riquezas não vale o sacrifício em termos de tempo e responsabilidade adicionais. Agora que tem uma imagem mais clara de seus desejos mais íntimos e de suas possíveis escolhas, qualquer decisão que tomar será fruto da confiança e da maturidade recém-descobertas.

AGRADECIMENTOS

Gostaria de agradecer a Wald Amberstone, da Tarot School, em Manhattan, por sugerir que eu entrasse em contato com Robert M. Place para obter ajuda e aconselhamento neste projeto. Com certeza, o especialista em Tarô mais experiente e criativo que já conheci, Robert Place é artista, escritor e historiador internacionalmente conhecido. O fato de ele ter concordado em revisar meu esboço e manuscrito foi um ato extremamente generoso. Eu me pautei muito nos livros de Robert, especialmente em *The Fool's Journey and The Tarot: History, Symbolism, and Divination*, ao fazer minha pesquisa. Gostaria também de agradecer a Linda Falken pela ajuda na edição deste manuscrito. – MP

LEITURAS COMPLEMENTARES

Alchemy and the Tarot: An Examination of the Historic Connection with a Guide to The Alchemical Tarot, de Robert M. Place, Hermes Publications, 2012.

The Complete Book of Tarot Reversals, de Mary K. Greer, Llewellyn Publications, 2002.

The Fool's Journey: The History, Art, & Symbolism of the Tarot, de Robert M. Place, Talarius Publications, 2010.

Seventy-Eight Degrees of Wisdom: A Book of Tarot, de Rachel Pollack, Weiser Books, 2007.

The Tarot History, Symbolism, and Divination, de Robert M. Place, Tarcher, 2005.

The Tarot Revealed: A Beginner's Guide, de Paul Fenton-Smith, Allen & Unwin, 2010.

CRÉDITOS DAS IMAGENS

pp. 6-7, 11: De Agostini/Getty Images; p. 16: Alinari via Getty Images; p. 20: iStockphoto/Thinkstock; p. 23: Bibliotheque Nationale, Paris, França/Giraudon/The Bridgeman Art Library; p. 26: The Bridgeman Art Library/Getty Images; pp. 28-29: APIC/Hulton Archive/Getty Images; p. 33: Allen Memorial Art Museum, Oberlin College, Ohio/Presente de Robert Lehman/The Bridgeman Art Library; p. 35: Time & Life Pictures/Getty Images; p. 39: Palazzo della Ragione, Padua, Itália/The Bridgeman Art Library.